21 世纪国际商务教材教辅系列

编写委员会

21世纪国际商务教材教辅系列

总 主 编　余世明
副总主编　袁绍岐　张彬祥　何　静

INTERNATIONAL MARKETING
国际市场营销练习题及分析解答

主编　刘生峰　副主编　王雪芬　何　静

暨南大学出版社
Jinan University Press
中国·广州

图书在版编目（CIP）数据

国际市场营销练习题及分析解答/刘生峰主编．—广州：暨南大学出版社，2007.3
（21世纪国际商务教材教辅系列）
ISBN 978-7-81079-827-3

Ⅰ．国…　Ⅱ．刘…　Ⅲ．国际市场—市场营销学—高等学校—解题　Ⅳ．F740.2-44

中国版本图书馆CIP数据核字（2007）第019980号

出版发行：暨南大学出版社

地　址：中国广州暨南大学
电　话：总编室（8620）85221601
营销部（8620）85227972　85220602（邮购）
传　真：（8620）85221583（办公室）　85223774（营销部）
邮　编：510630
网　址：http://www.jnupress.com　http://press.jnu.edu.cn

排　版：暨南大学出版社照排中心
印　刷：暨南大学印刷厂

开　本：787mm×1092mm　1/16
印　张：10.25
字　数：255千
版　次：2007年3月第1版
印　次：2007年3月第1次
印　数：1—6000册

定　价：16.00元

（暨大版图书如有印装质量问题，请与出版社总编室联系调换）

目 录

编写说明

改革开放以来，我国的生产加工能力突飞猛进，廉价的劳动力和庞大的市场更吸引了大批世界的富商巨贾前来投资办厂，以至于我国成了“世界工厂”，如何把生产的产品卖出去就成为我们必须认真考虑的问题。近年来，标有“中国制造”的产品在国际市场上遇到了严峻的挑战，这样就对我国的国际市场营销能力提出了更高的要求。因此学好《国际市场营销》具有重要的现实意义。

目前，《国际市场营销练习题》有多种版本，各有侧重，各有特色，但缺乏一本融基本题型和分析解答为一体的教材。为此我们编写了这本《国际市场营销练习题及分析解答》，该书紧紧围绕《国际市场营销》的重、难点问题进行编写，力求理论联系实际，深入浅出，突出重点，破解难点，提高学生分析问题和解决问题的能力。具体而言，本书具有如下几个特点：

(1) 体例新颖。目前使用的习题集往往都是练习题的简单罗列，没有分析解答；而本书不仅根据教材和学科特点精选了一部分练习题，而且对“判断题”“单项选择题”“多项选择题”和“案例分析题”进行了分析解答，这样，不仅便于读者准确地解答问题，而且有助于读者通过做题更深一步地掌握有关重点内容。

(2) 针对性强。本书是严格根据编者出版的《国际市场营销》编写的，同时考虑了中专、高职高专国际商务专业、国际市场营销专业和其他相关财经类专业学生的特点，在内容上力求精练、准确、易懂，既注重基本知识的训练，又注重实践操作技能的提高。

(3) 题型全面。本书涵盖了目前各级各类考试的全部题型，通过阅读，读者可提高应试技巧，又可加深对国际市场营销知识的理解和掌握。

(4) 案例较多。本书围绕主要内容设计了一些案例，力求通过阅读和分析案例来锻炼读者发现问题、分析问题和解决问题的能力。

本书不仅可以作为中专、高职高专国际商务专业、国际市场营销专业和其他相关财经类专业学生学习《国际市场营销》的配套材料，而且还可作为涉外各类考证和各类干部培训国际商务基础知识的参考书，也可作为有志于从事国际商务工作的人员自学之用。

本书由刘生峰任主编，王雪芬、何静任副主编。本书在编写中参考了大量的资料，引用了许多国际知名公司的资料，在此谨向有关作者和材料提供者表示衷心的感谢！由于水平有限，书中错误之处敬请专家和读者批评指正。

编　者

2007 年 2 月

第一章
国际市场营销概述

一、练习题

（一）名词解释

1. 市场　　2. 国际市场　　3. 市场营销
4. 国际市场营销　　5. 消费者市场　　6. 生产者市场
7. 便利品　　8. 选购品　　9. 市场营销观念
10. 社会市场营销观念　　11. 市场机会　　12. 市场营销组合
13. 加速原理

（二）填空题

1. 市场是指________的和________的购买者。
2. 对于一切既定的商品而言，市场包含三个要素：________、________和购买欲望。
3. 消费者市场是指为满足______________而购买商品或劳务的市场。
4. 生产者市场是指为满足______________而购买商品或劳务的市场。
5. 生产者购买活动可分为三种类型，即__________、__________和新任务购买型。
6. 生产观念认为，顾客可以接受任何________且________的产品。
7. 社会市场营销观念认为，企业的一切活动必须将________、________和社会利益三者有机地统一起来。
8. 大市场营销观念认为，企业要突破目标市场的环境障碍并进入目标市场，主要依靠________和________两个手段。
9. 大市场营销就是在原来“4P’s”的基础上，加上两个“P”，即________与________。
10. 市场营销组合包括4个因素，简称“4P’s”，即________、________、________和________。
11. 我国各类产品取得环境标志的唯一认证机构是____________________。

（三）单项选择题

1. 下面对消费者市场特点的叙述错误的是（　　）。

A. 消费需求具有分散性、复杂性和多变性

B. 每次购买的商品数量不多，购买次数频繁

C. 多数属非专家购买

D. 多数属理性购买

2. 消费者对其有特殊偏好、在购买时不计较其价格和购买地点方便与否的商品是（　）。

A. 便利品　　B. 选购品

C. 特殊品　　D. 工业品

3. 单价较高、购买较少、消费者需要深思熟虑以后才会购买的商品是（　）。

A. 便利品　　B. 选购品

C. 特殊品　　D. 工业品

4. 消费者经常消耗、需要随时购买、价格低廉、购买时不需作太多选择的商品是（　）。

A. 便利品　　B. 选购品

C. 特殊品　　D. 工业品

5. 下面关于选购品的叙述错误的是（　）。

A. 价格低廉、购买时不需作太多选择

B. 消费者需要深思熟虑以后才会购买

C. 一般较经久耐用

D. 在分销据点的选择上，宜设立在同类商品聚集的商业区

6. 下面对生产者市场特点的叙述错误的是（　）。

A. 购买者地理分布相对集中，购买者较少但购买量较大

B. 属于派生需求（引申需求）

C. 属于理性需求

D. 需求富有价格弹性

7. “酒香不怕巷子深”反映的营销观念是（　）。

A. 生产观念　　B. 产品观念

C. 推销观念　　D. 社会市场营销观念

8. 会引发“营销近视症”的营销观念是（　）。

A. 生产观念　　B. 产品观念

C. 推销观念　　D. 市场营销观念

9. 强调企业要与顾客、经销商创造更亲密的工作关系和相互依赖关系的营销观念是（　）。

A. 推销观念　　B. 市场营销观念

C. 社会市场营销观念　　D. 关系营销观念

10. 主张企业必须充分利用自己优势生产那些既是消费者需要又是自己擅长的产品的营销观念是（　）。

A. 推销观念　　B. 生态学营销观念

C. 大市场营销观念　　D. 关系营销观念

（四）多项选择题

1. 下面对消费者市场特点的叙述正确的是（　　）。

A. 消费需求具有分散性、复杂性和多变性

B. 每次购买的商品数量不多，购买次数频繁

C. 多数属专家购买

D. 部分属冲动型购买

E. 购买力的流动性较大

2. 下面关于选购品的叙述正确的是（　　）。

A. 单价较高、购买较少

B. 消费者需要深思熟虑以后才会购买

C. 一般较经久耐用

D. 分销据点宜设立在同类商品聚集的商业区

E. 经由中间商进行人员推销更重要，广告次之

3. 下面对生产者市场特点的叙述正确的是（　　）。

A. 购买者地理分布相对集中，购买者较少但购买量较大

B. 属于派生需求（引申需求）

C. 属于理性需求

D. 需求缺乏价格弹性

E. 一般属于专业化购买

4. 根据大市场营销观念，突破目标市场的环境障碍主要依靠的两个手段是（　　）。

A. 权力　　B. 公共关系

C. 促销　　D. 价格

E. 产品

5. 以生产为中心的观念主要有（　　）。

A. 生产观念　　B. 产品观念

C. 推销观念　　D. 市场营销观念

E. 社会市场营销观念

6. 以顾客为中心的观念主要有（　　）。

A. 生产观念　　B. 产品观念

C. 推销观念　　D. 市场营销观念

E. 社会市场营销观念

（五）判断题

1. 有人的地方就有市场。（　　）

2. 作为市场，仅仅有人口还不够，构成市场的人必须有购买欲望和购买能力。（　　）

3. 我们讲开拓国际市场，就是指在国外建一个有形的具体的市场。（　　）

4. 消费者市场人多面广，消费需求具有分散性、复杂性和多变性。（　　）

5. 消费者市场多数属专家购买，消费者对大多数产品都具有专业知识。（ ）
6. 消费者市场部分属冲动型购买，因而具有可诱导性。（ ）
7. 影响消费者市场的各种因素，同样也制约着生产者市场的规模和发展。（ ）
8. 生产者在购买决策中很少有感性因素夹杂其间。（ ）
9. 生产者市场需求受价格影响较小，缺乏价格弹性。（ ）
10. 要使市场机会变成企业的机会，必须与企业的目标相一致。（ ）
11. 生产观念与产品观念具有本质的区别。（ ）
12. 以市场营销观念作为企业营销活动的指导思想就要求企业放弃赢利目标。（ ）
13. 企业营销的外部环境只会给企业“制造麻烦”。（ ）
14. 大多数营销环境的因素都是企业可以控制的。（ ）
15. 企业要做好营销管理，只需设计好营销战略与策略就行了。（ ）

（六）简答题

1. “市场营销就是指在市场上经营销售的业务活动”。你是如何理解的？
2. 大市场营销观念在哪些方面发展了市场营销观念和社会市场营销观念？
3. 什么是生态学营销观念？它对我们有效开展营销活动有何启示？
4. 国际市场营销与国内市场营销有何异同？
5. 国际市场营销与国际贸易有何异同？
6. 为什么说市场营销观念的产生是企业经营观念的一次根本性变革？
7. 市场营销观念与推销观念根本上有何不同？
8. 为什么说社会市场营销观念是市场营销观念的进一步发展？
9. 市场营销的功能与社会作用如何？
10. 发现市场机会的途径有哪些？

（七）案例分析

案例1－1：小天鹅集团的经营数学

小天鹅集团在实践中形成了自己的经营数学，凝聚成小天鹅的营销理念。小天鹅用自己的经营理念指导营销，一步步走向成功。

1. 0＋0＋1＝100

该公式的含义是：“0”缺陷，“0”库存，用户第“1”。只有做到“0”缺陷，用户才能满意；只有用户满意，企业的销量才会增长。只有做到“0”库存，企业的成本才能降低；只有成本降低，企业才能取得价格优势，才能有效战胜竞争对手。只有同时做到了“0”缺陷和“0”库存，企业才能赢得一个圆满的结果，用公式表示就是“0＋0＋1＝100”。

2. 1/3＋1/3＋1/3＝1

该公式的含义是：营销由三个连续的阶段构成，各占1/3。具体而言就是：第一步，企业的产品进入流通领域，收回了货款，实现了资金回笼，这只不过实现了营销的1/3；第二步，帮助商店促销，实现产品从商店到用户的流通，只有商店赚了钱，商店才愿意销售企业的产品；第三步，尽力让用户满意，使用户买时放心，用时开心。这三个不间断的

1/3 做好了，才等于圆满完成了 1 个营销过程。

3. 1∶25∶8∶1

该公式的含义是：如果 1 个消费者购买了某种产品，这种行为可能影响 25 个消费者，如果用得好就会使 8 个人产生购买的欲望，其中 1 个人就会产生购买行动；反之，如果 1 个消费者用得不好，就会打消 25 位消费者的购买欲望。小天鹅认为，一点瑕疵对工厂来说只是 1/100 或者 1/1 000，但对消费者来讲就是 100%。因此应努力争取产品“0”缺陷，服务“0”投诉，让消费者 100% 满意。

4. 1、2、3、4、5 承诺

该数字的含义是：1 双鞋——上门服务自带一双专用鞋。2 句话——进门一句话，“我是小天鹅服务员×××”；服务后一句话，“今后有问题，我们随时听候您的召唤”。3 块布——一块垫机布、一块擦机布、一块擦手布。4 不准——不准顶撞用户、不准吃喝用户、不拿用户礼品、不乱收费。5 年保修——整机免费保修五年。

多一点付出，多一点回报。真心为客户着想，真正把用户视为“上帝”，客户也会关照自己的“子民”。

请问：

1. 小天鹅集团的经营数学体现了什么营销观念？
2.. 小天鹅集团成功的秘诀是什么？

案例 1－2：从面粉到面包

1886 年成立的美国皮尔斯堡面粉公司一直到 20 世纪 20 年代以前，都奉行“本公司旨在制造面粉”的宗旨。因为当时生产力水平较低，产品供不应求，同时人们的消费水平也不高，面粉公司认为不需做大量宣传，只需保持面粉的质量，大批量生产，降低成本和售价，销量就自然增长，利润就大幅度增加。

1930 年左右，美国皮尔斯堡公司发现，在销售公司产品的中间商中，有的已开始从别的厂家进货，销量也随之不断减少。为了扭转这种局面，公司改变了自己的宗旨，提出了“本公司旨在推销面粉”的口号，同时在公司内部成立市场调研部门，选派大量的推销人员进行推销，力图扭转局面，扩大销售。公司非常重视推销技巧，不惜采用各种手段，进行大量的广告宣传，甚至使用硬性兜售的手法推销面粉。

然而各种强力推销方式并未满足顾客经常变化的新需求，特别是随着人民生活水平的提高，这一问题也就日益明显，迫使面粉公司必须从满足消费者的心理及实际需要出发，对消费者进行分析研究。1950 年前后，面粉公司经过市场调查，了解到战后美国人民的生活方式已发生了变化，家庭妇女采购食品时，日益要求多种多样的半成品，如各式饼干、点心、面包等，来代替购买面粉回家做饭。针对市场需求的变化，这家公司开始生产和推销各种成品或半成品的食品，使销量迅速上升。

1958 年，这家公司又进一步成立了皮尔斯堡销售公司，着眼于长期占领市场，着重研究今后 3 年到 30 年消费者的消费趋势，不断设计和制造新产品，培训新的销售人员，力求更好地满足顾客的需求，并且提出了“顾客就是上帝”的口号。

请问：

企业营销观念是如何转变的？企业在各阶段营销观念有什么特点？

案例 1－3：更新观念，激活市场

2004 年，安徽省邮政局看好通信类账单市场的广阔发展前景，借助中国移动通信集团公司承诺向所有“全球通”客户提供免费邮寄话费账单服务，作为其实施“服务先行”发展战略措施之一的契机，积极与安徽省移动公司合作，签订移动账单寄递服务协议，并从优化服务入手，创新服务手段，得到移动公司的认可，促使全省移动账单寄递量不断上升。仅半年时间就为移动公司寄递账单 5 期 113 万份，实现业务收入 62 万元，占全省邮政账单业务量的 34%。

请问：

这个案例对你有何启示？

案例 1－4：日本商人的观念更新

日本商人善于捕捉市场的变化。他们发现现代的日本女性正在走出家门，致力于工作与事业的成功，于是围绕职业妇女推出了一系列服务：帮助职业妇女减少家务负担的服务，如提供快速食品、自动化的厨房器具、亲切的家庭服务、随叫随到的餐饮外送服务、邮购礼品服务；帮助妇女快速大量采购的服务，如更新冰柜、提供可折叠手推车及方便停车的小型车；提供职业妇女培训的机会，如美容、烹调、文化等各种课程。他们发现年青一代的日本人不愿再像父辈一样成为工作狂，于是围绕年青一代推出一系列服务：美满家庭服务，如提供花卉礼品和低酒精饮料、策划小型结婚周年庆典等。他们发现日本人口老年化严重，于是大力开发“银发市场”：提供老人最需要的产品，如假牙、双焦距眼镜、助听器、电动轮椅、家用电扶梯等；帮助老人再创生命活力，如组织各种银发族旅游、运动、进修活动。

新观念的产生来自于对市场变化的洞察和敏感。对市场的敏感和观念的更新，为日本商人在国内以及国际市场上不断赢得成功。

请问：

新观念产生的源泉何在？

案例 1－5：创造市场，赢得成功

日本索尼公司 20 世纪 80 年代推出“创造市场”这一口号，改变了传统的“消费者需要什么，我就生产什么”的市场观念，提出了“我生产的就是消费者真正需要的”现代市场观念，因而索尼公司的电器产品总是“领导世界潮流”。无独有偶，台湾一位女青年企业家为了设计出世界上最新的毛衣款式，她带着照相机到十几个国家参观，见到毛线衣就拍照，收集了 1 000 多份资料。经过分析研究，她设计出许多与众不同的新款式，不断推向市场，很受消费者欢迎。事例告诉我们，虽然“上帝”操纵着市场，但只要善于揣摩和把握住“上帝”的好恶，就能真正赢得“上帝”的欢心，赢得市场的份额。作为精明的企业家，要想占领国内外市场，就必须树立驾驭市场、“让市场跟我走”的雄心，真正从“我跟市场走”的被动式经营中解脱出来。

请问：

日本索尼公司提出的“创造市场”是一种什么样的营销观念？企业如何做到“让市

场跟我走”?

案例1－6：IBM的市场营销观念

IBM在技术方面并不是最先进的，但在计算机行业一直保持着领导者地位。是什么保持了其在行业中的领导地位的呢？一切为顾客着想，向顾客提供尽可能好的产品和服务。

IBM致力于对顾客的基础服务，主要采取以下一些措施：训练进入其客户的计算机程序员；提供系统工程人员到企业去帮助决策计算机应当处理的工作类型以及如何在计算机上处理这些工作；开发简化的计算机程序语言，使最终的程序工作对客户公司更为容易。

这些帮助顾客提高效益的做法从短期看来是付出了一定的代价，但使其长期获益。如20世纪50年代，智力保险公司向IBM购买了700多台电子计算机，IBM公司花费了100多万元为其提供服务，30多年后，智力保险公司仍然主要使用IBM的计算机设备。

长期以来，IBM坚持以顾客为导向，使计算机能满足其顾客的需要和欲求。正如一位咨询企业的总裁所言：“IBM没有单为技术而引进技术，他们有一个商业计划。如果技术不能与此计划相一致，他们就将其束之高阁。”

就像IBM一样，美国许多其他以营销为导向的公司视适应其顾客的兴趣超过仅为技术而提高技术。这些相信市场营销观念的企业通过市场调研去寻求：他们的顾客想要什么样的产品和服务；企业怎样才能最好地提供这些产品和服务；他们的顾客什么时候需要这些产品和服务；公司应当怎样进行其产品和服务的促销。

请问：

IBM公司能够长期保持其在电子计算机市场统治地位的秘诀是什么？其市场营销观念的内容是什么？

（八）实践活动

实践1－1：理解市场营销的内涵

目的与要求

通过对材料的分析和讨论，区别推销与市场营销，体会发现需求并找到满足需要的办法的过程，在充分发挥的基础上，进一步理解市场营销的内涵。

材料

美国一家制鞋公司正在寻找国外市场，公司总裁首先派出了自己的财务经理到非洲一个国家，让他去了解那里的市场。几天以后，该经理发回一封电报：“这里的人根本不穿鞋，此地不是我们的市场。”于是该公司又把自己最好的推销员派到那里以证实这一点，他在那里待了一个星期发回了电报：“这里的居民没有一个有穿鞋的，这里是巨大的潜在市场。”该公司最后又把自己的市场营销副经理派去考察。他在非洲待了三个星期，发回电报：“这里的人不穿鞋，但有脚疾，需要鞋；不过我们现在生产的鞋太窄，不适合他们，我们必须生产宽一些的鞋。我们要教给他们穿鞋的好处。这里的部落首领不让我们做买卖，只有向他的金库奉送一些贡品，才能获准在这里经营。我们需要投入大约1.5万美元，他才会开放市场。他们没有钱，但这里盛产菠萝。我测算了三年内的销售收入以及我们的成本，包括把菠萝卖给欧洲的超级市场连锁集团的费用。我得出的结论是我们的资金回报率可达到30%。因而我建议公司应该开辟这个市场。”

实践内容

1．分析三个派出去人员的行为分别体现了什么思想？

2．如果你是该项目的负责人，你将如何组织市场营销活动？

实践1－2：国内营销与国际营销之间的区别与联系

目的与要求

针对我国加入WTO后，越来越多的企业直接面临着来自国际市场的竞争，很多企业针对这一现实情况开始调整自己的营销战略，开始将原来单纯的国内营销战略调整为国际营销战略。在调整营销战略前，他们必须了解国内营销与国际营销之间的区别与联系。

通过材料学习，结合课本知识，请你归纳下列国内营销与国际营销之间的区别与联系，充分理解国际市场营销的内涵。

材料

国际市场营销是指企业从事跨国界的营销活动，只要其营销决策具有“跨国”性质，其营销活动就属于国际营销范畴。市场营销一般原理的应用可以跨越疆界，如同在国内市场上组织营销活动一样，国际市场营销同样需要市场调研、市场分析、市场细分、市场营销组合等一系列营销过程的战略确定及战术实施。国际市场营销与国内市场营销并无本质区别，只是特指超越国境的市场营销活动。

国内营销是在一个政治区域内部进行，而国际营销则必须跨越国家主权的界限，不同国家之间，政府机构与银行系统会有很大差别，而这种差别必然会对企业的营销活动产生重大的影响。另一个差异来自于语言、习俗、传统及其他文化差异。这里没有提及地理距离与气候变化的影响。因此，分析国际市场营销中出现的问题并找到解决方法必然需要比解决国内营销问题更广泛、更全面的技能、阅历和洞察力。

一个公司如何在不同的国家同时销售自己的产品，所带来的困难与机遇的情况是不同的。一个国际营销者必须分析不同国家特有的市场机会，同时决定由谁来负责公司的营销活动。公司应把在各国的营销活动与其各自的利益联系起来，这样，单个国家营销活动的效益将会提高，从而提高公司在全球范围内营销努力所带来的收益。

实践内容

1．查找1～3个典型的从事国际营销与国内营销企业案例，通过感受案例和分析案例，体会国际营销与国内营销之间的区别和联系。

2．在老师或学科小组的组织下，通过参观从事国际营销和国内营销企业来体会国际营销与国内营销之间的区别和联系。

二、参考答案

（一）名词解释

1．市场是指现实的和潜在的购买者。

2．国际市场是指国际上现实的和潜在的购买者。

3．市场营销是指在市场上经营销售的业务活动。

4．国际市场营销是指在国际市场上经营销售的业务活动。

5. 消费者市场是指为满足个人或家庭生活需要而购买商品或劳务的市场。

6. 生产者市场也叫产业市场，是指为满足生产上的需要而购买商品或劳务的市场。

7. 便利品又被称作易耗品或日用品，是消费者经常消耗、需要随时购买、价格低廉、购买时不需作太多选择的商品。

8. 选购品是指单价高而且较少购买的商品，消费者需要深思熟虑以后才会选购这些商品。

9. 市场营销观念是买方市场条件下以消费者为中心的营销观念。该观念认为，实现企业目标的关键是切实掌握目标消费者的需要和愿望，并以消费者需求为中心，集中企业的一切资源和力量，设计、生产适销对路的产品，安排适当的市场营销组合，采取比竞争者更有效的策略来满足消费者的需求，取得利润。

10. 社会市场营销观念是对市场营销观念的重要补充和完善。该观念认为，企业不是孤立存在的，其生产和销售活动不仅对其客户产生影响，而且必然对广大社会产生一定的影响，因此，企业在从事生产和销售活动时，必须对包括其客户在内的广大社会采取负责的态度，企业在满足顾客需求的同时，应兼顾整个社会的利益。它要求企业生产和销售的产品不仅要满足目标客户的需要和欲望，而且要符合客户和社会的长远利益。

11. 市场机会是指市场上存在的未被满足的消费需求。

12. 市场营销组合是企业针对确定的目标市场，综合运用各种可能的营销手段，组合成一个系统化的整体策略，以便达到企业的经营目标。

13. 生产者市场的需求具有派生性质，消费者市场需求的少量变动，会引起生产者市场需求的巨大变动，反之亦然。有时候，消费者市场需求变动10%，可能引起生产者市场下期需求100%的变动，这一现象被西方经济学家称为“加速原理”。

（二）填空题

1. 现实　潜在
2. 人口　购买力
3. 个人或家庭生活需要
4. 生产上的需要
5. 直接重复购买型　修正重复购买型
6. 买得到　买得起
7. 企业利润　消费者需要
8. 权力　公共关系
9. 权力　公共关系
10. 产品　价格　分销　促销
11. 中国环境标志产品认证委员会

（三）单项选择题

1. D。理由：消费者市场具有如下特点：①消费者市场人多面广，消费需求具有分散性、复杂性和多变性；②每次购买的商品数量不多，购买次数频繁；③多数属非专家购买；④部分属冲动型购买，许多顾客在购买消费品时往往是不理性的，具有可诱导性；

⑤购买力的流动性较大。

2. C。理由：特殊品是指消费者对其有特殊偏好的商品，在购买时不计较其价格和购买地点的方便与否，这类商品大多价格昂贵，但消费者认为它们能为自己提供特别的利益。

3. B。理由：选购品是指单价高而且较少购买的商品，消费者需要深思熟虑以后才会选购这些商品。

4. A。理由：便利品又被称作易耗品或日用品，是消费者经常消耗、需要随时购买、价格低廉、购买时不需作太多选择的商品。

5. A。理由：选购品是指单价较高而且较少购买的商品，消费者需要深思熟虑以后才会选购。选购品一般较经久耐用，购买频率较低，人们在购买前大多对它们并不十分熟悉，加之这类商品单价也较高，如若购买不当，经济损失较大，故消费者情愿多花一些时间、精力，进行充分比较之后，才作出购买决策。消费者坚信“货比三家不吃亏”，为了方便消费者进行商品的比较，因此在分销据点的选择上，宜设立在同类商品聚集的商业区以利于消费者的比较及选购。

6. D。理由：生产者市场具有如下特点：①购买者地理分布相对集中，购买者较少，购买数量较大；②属于派生需求（引申需求）；③属于理性需求，很少有感性因素夹杂其间；④需求缺乏价格弹性，生产者对生产资料的需求受价格影响较小；⑤需求波动性较大；⑥一般属于专业化购买；⑦生产者市场产销关系较稳定，一旦形成，就不会轻易改变；⑧对技术服务要求高。

7. B。理由：产品观念认为，顾客喜欢质量优、性能好和有特色的产品，产品销售情况不好是因为产品质量不好。只要产品质量好，别具特色，就一定能够经营成功。因此企业应持续地改进产品质量，不断制造出好的产品。“酒香不怕巷子深”说的是，只要酒好，就不愁没有人来买，这是典型的产品观念。

8. B。理由：产品观念会引发“营销近视症”——过分重视产品而忽视顾客需求。企业总是在生产更好的产品上下工夫，却常出现顾客“不识货”不买账的情况。

9. D。理由：关系营销观念认为，在竞争日趋激烈的市场环境中，企业要与顾客、经销商创造更亲密的工作关系和相互依赖关系，从而发展双方的连续性交往，以提高品牌忠诚度，巩固和扩大市场销售。

10. B。理由：生态学营销观念认为，一个企业如同生物有机体一样，要依赖于周围环境才能生存。所以企业必须充分利用自己的优势，生产那些既是消费者需要又是自己擅长的产品。

（四）多项选择题

1. ABDE。理由：消费者市场具有如下特点：①消费者市场人多面广，消费需求具有分散性、复杂性和多变性；②每次购买的商品数量不多，购买次数频繁；③多数属非专家购买；④部分属冲动型购买，许多顾客在购买消费品时往往是不理性的，具有可诱导性；⑤购买力的流动性较大。

2. ABCDE。理由：选购品是指单价较高而且较少购买的商品，消费者需要深思熟虑以后才会选购。选购品一般较经久耐用，购买频率较低，人们在购买前大多对它们并不十分熟悉，加之这类商品单价也较高，如若购买不当，经济损失较大，故消费者情愿多花一些时间、精力，进行充分比较之后，才作出购买决策。消费者坚信“货比三家不吃亏”，为了方便消费者进行商品的比较，因此在分销据点的选择上，宜设立在同类商品聚集的商业区以利消费者的比较及选购。至于在促销策略上，由于消费者是经过深思熟虑后才购买的，因此经由中间商进行人员推销更重要，广告次之。

3. ABCDE。理由：生产者市场具有如下特点：①购买者地理分布相对集中，购买者较少，购买数量较大；②属于派生需求（引申需求）；③属于理性需求，很少有感性因素夹杂其间；④需求缺乏价格弹性，生产者对生产资料的需求受价格影响较小；⑤需求波动性较大；⑥一般属于专业化购买；⑦生产者市场产销关系较稳定，一旦形成，就不会轻易改变；⑧对技术服务要求高。

4. AB。理由：大市场营销观念认为，在贸易保护主义思潮日益增长的条件下，从事国际营销的企业，其营销活动的重点不是单纯适应和满足市场需要，而是突破目标市场所在国政府和特殊利益集团所设置的市场环境障碍。要突破目标市场的环境障碍、进入目标市场，主要依靠权力（Power）和公共关系（Public Relations）两个手段。

5. ABC。理由：由生产观念、产品观念转变为推销观念，是企业经营指导思想上的一大变化——由重生产转为重销售。但这种变化没有摆脱“以生产为中心”“以产定销”的范畴。前者强调生产产品，后者强调推销产品。所不同的是生产观念是消极等顾客上门，而推销观念是主动上顾客的门，加强对产品的宣传。

6. BDE。理由：市场营销观念（Marketing Concept）是买方市场条件下以消费者为中心的营销观念。这种观念认为，实现企业目标的关键是切实掌握目标消费者的需要和愿望，并以消费者需求为中心，集中企业的一切资源和力量，设计、生产适销对路的产品，安排适当的市场营销组合，采取比竞争者更有效的策略来满足消费者的需求，取得利润。“顾客至上”“顾客就是上帝”等就是这种观念的体现。社会市场营销观念是市场营销观念的进一步发展，该观念认为，只满足顾客需求是不够的，企业要想获得长期成功，除满足顾客需求外，还应兼顾整个社会的利益，处理好企业利润、消费者需要和社会利益三者之间的关系。

（五）判断题

1. 正确。理由：市场是指现实的和潜在的购买者，是由人构成的，有人的地方就有市场。对于一切既定的商品而言，市场包含三个要素：人口、购买力和购买欲望。

2. 正确。理由：市场是指现实的和潜在的购买者，它包含三个要素：人口、购买力和购买欲望。可见，作为市场，首先应有一定数量的人口，没有人口就谈不上市场，但仅仅有人口还不够，构成市场的人必须有购买欲望和购买能力。有购买欲望而无购买能力或有购买能力而无购买欲望都不能形成现实的市场，最多只能称为潜在的市场。

3. 错误。理由：市场是指现实的和潜在的购买者。我们讲开拓国际市场，并不是在国外建一个有形的具体的市场，而是寻找国际上愿意并且能够购买我们商品的人，我们可到国外寻找，也可在国内有外国人的地方寻找，如在各种交易会上、在旅游点等。

4. 正确。理由：消费者市场具有如下特点：①消费者市场人多面广，消费需求具有分散性、复杂性和多变性；②每次购买的商品数量不多，购买次数频繁；③多数属非专家购买；④部分属冲动型购买，许多顾客在购买消费品时往往是不理性的，具有可诱导性；⑤购买力的流动性较大。

5. 错误。理由：消费者市场具有如下特点：①消费者市场人多面广，消费需求具有分散性、复杂性和多变性；②每次购买的商品数量不多，购买次数频繁；③多数属非专家购买；④部分属冲动型购买，许多顾客在购买消费品时往往是不理性的，具有可诱导性；⑤购买力的流动性较大。

6. 正确。理由：消费者市场具有如下特点：①消费者市场人多面广，消费需求具有分散性、复杂性和多变性；②每次购买的商品数量不多，购买次数频繁；③多数属非专家购买；④部分属冲动型购买，许多顾客在购买消费品时往往是不理性的，具有可诱导性；⑤购买力的流动性较大。

7. 正确。理由：生产者市场需求属于派生需求（引申需求）。在生产者市场上，购买者对生产资料的需求是从消费者对消费品的需求中派生出来的，所以，影响消费者市场的各种因素，同样也制约着生产资料市场的规模和发展。

8. 正确。理由：生产者市场需求属于理性需求。生产资料的需求者比较重视商品性能、规格、型号、质量，很少有感性因素夹杂其间。

9. 正确。理由：生产者市场需求缺乏价格弹性。生产者对生产资料的需求受价格影响较小，属于缺乏价格弹性的需求，其需求主要取决于生产结构和发展速度。

10. 正确。理由：在发掘市场机会后，进行市场机会的鉴别是营销成功的重要前提。要使市场机会变成企业的机会，必须与企业的目标相一致。同时企业还必须具有利用该市场机会的能力。如果市场机会与企业目标不一致，或企业暂时无能力开发，则是不适宜的市场机会。因此评估好与企业目标相匹配的市场机会，是正确制定企业经营战略的一个关键环节。

11. 错误。理由：产品观念和生产观念都是以企业利益为中心的思想，同属于"以产定销"的范畴，并没有本质的区别，只不过是表现形式不同而已。生产观念关注于对"既有产品"数量的增加，产品观念关注于"既有产品"质量的提高，两者都忽视了对市场需求的研究，都选择了以企业利益为中心来开展营销活动的营销理念。

12. 错误。理由：执行市场营销观念与企业追求长期利润最大化并不矛盾。市场营销观念的贯彻执行要求企业从目标市场、顾客满意、整合营销和赢利能力去具体实施，企业的一切计划与策略应以消费者为中心，正确确定目标市场的需要与欲望，比竞争者更有效地满足目标市场的需求，在此基础上实现企业的赢利目标。

13. 错误。理由：企业营销的外部环境可能给企业"制造麻烦"，也可能给企业带来市场营销的机会。

14. 错误。理由：应该说大多数营销环境的因素都是企业难以控制的，但营销管理者必须主动地去适应营销环境，甚至在一定程度上影响环境。在一定条件下，企业可以运用自身的资源，积极影响和改变环境因素，创造更有利于企业营销活动的空间。

15. 错误。理由：企业要做好营销管理，不仅要设计好营销战略与策略，而且必须做到与外部环境的动态适应，因为影响营销活动绩效的不只是内部的营销组合，也涉及外部的营销环境。

（六）简答题

1．答：在这里，“销售”被当成了一项事业或一个项目来经营。要把销售经营好，不但要重视流通领域，还要重视生产领域和消费领域。

2．答：大市场营销观念发展了市场营销观念和社会市场营销观念，主要表现在以下三个方面：一是在企业与外部环境关系上，突破了被动适应观点，认为企业不仅可以通过自身的努力来影响环境，而且可以控制和改变某些外部因素，使之向有利于自己的方向转化；二是在企业与市场和目标顾客的关系上，突破了过去那种简单发现、单纯适应与满足的做法，认为应该打开产品通道，积极引导市场和消费，创造目标顾客需要；三是在市场营销手段和策略上，在原有的市场营销组合中，又加进了权力和公共关系两种重要手段，从而更好地保证了市场营销活动的有效性。

3．答：生态学营销观念认为，一个企业如同生物有机体一样，要依赖于周围环境才能生存。所以企业必须充分利用自己的优势，生产那些既是消费者需要又是自己擅长的产品。根据生态学营销观念，企业在制定营销策略时，一定要冷静分析，理性思考，不能只是片面追求满足顾客需求，而要扬长避短，保持与其生存环境的协调平衡关系。

4．答：国际市场营销与国内市场营销从本质上来说，并无根本的不同，市场营销的基本原则对两者都是适用的，国内市场营销的经验是可以转化为国际出口营销来应用的。但是，国际市场营销和国内市场营销毕竟处于两个不同的营销地域，因而也有许多不同，主要表现在以下几个方面：

（1）环境的复杂性不同。国际市场营销比国内市场营销面临的环境复杂。例如，尽管国际或国内的市场营销活动都是在一种法制的环境中运作的，但其法制的构成成分是不同的，个别国家会有特别的规定。另外，不同国家的关税也会有很大差异；另一个差异来自于语言、习俗、传统及其他文化差异。因此，分析国际市场营销中出现的问题并找到解决方法必然需要比解决国内营销问题更广泛、更全面的技能、阅历和洞察力。

（2）面临的风险性不同。国际市场营销比国内市场营销面临的风险大，如汇率风险、政治风险等。同样，尽管国内外市场中都可以用货币作为贸易媒介物，但货币的种类、特点以及各国间的汇兑比率都会有诸多不同。国内营销是在一个政治区域内部进行，而国际营销则必须跨越国家主权的界限，不同国家间，政府机构与银行系统会有很大差别，而且这种差别必然会对企业的营销活动产生重大的影响。

（3）竞争的激烈性不同。国际市场营销比国内市场营销面临的竞争要激烈。

5．答：国际市场营销与国际贸易具有相互联系或相同性质的一面，因为两者涉及的都是跨国界的商品交易活动，这种商品交易活动从总体上看属于国际贸易范畴，从企业运作看则属于国际市场营销范畴。仔细分析可以看出，两者存在着明显的区别，具体表现如下：

（1）角度不同。国际贸易从跨国界交易活动的总体上来研究国与国之间的贸易关系，国际市场营销则站在企业的角度从微观上研究企业跨国界的商品销售问题。

（2）范围不同。国际贸易涉及的范围是国际之间的商品流通或商品交易的问题，而国际市场营销涉及的则是这种跨国界的商品交易的具体策略以及与此相关的问题。

（3）流向不同。国际贸易涉及商品交易的两个方面，即涉及本国产品向外国销售和本国购买外国产品这一卖一买的两个方面，涉及两个流向的商品交易，而国际市场营销涉及的一般只是本国产品如何向国际市场销售这种单一流向的交易。

（4）对象不同。国际贸易的对象是外国厂商或政府，一般不涉及最终购买者，国际市场营销的对象则是外国的最终消费者。

6. 答：市场营销观念的产生是企业经营观念的一次根本性变革。传统的企业经营观念是“以产定销”，企业能生产什么就销售什么，不考虑或很少考虑市场需求；而市场营销观念要求企业从“以产定销”转变为“以销定产”或“以需定产”，即生产和经营客户需要的产品，并在此基础上实现利润。在这种观念指导下，企业应重视市场调研，在不断变化的市场上捕捉那些尚未得到满足的消费需求，集中企业一切资源和力量，去适应和满足这种需求，从而在客户满意之中扩大市场，以期长久获利。可见，市场营销观念把企业经营观念的逻辑彻底颠倒过来了，不是生产出什么就卖什么，而是首先发现和了解消费者的需要，消费者需要什么就生产什么、销售什么。消费者需求在整个市场营销中始终处于中心地位。它是一种以顾客的需要和欲望为导向的经营哲学，是企业经营思想的一次重大飞跃。

7. 答：市场营销观念与推销观念根本上不同表现在：推销观念以现有产品（即卖主）为中心，以推销和销售促进为手段，刺激销售，从而达到扩大销售、取得利润的目的。市场营销观念是以企业的目标顾客（即买主）及其需要为中心，并且以集中企业的一切资源和力量、适当安排市场营销组合为手段，从而达到满足目标顾客的需要、扩大销售、获得利润的目的。

8. 答：社会市场营销观念出现于20世纪70年代，是市场营销观念的进一步发展。市场营销观念认为，只要满足顾客需求就能获得成功；而社会市场营销观念认为，只满足顾客需求是不够的，因为不少企业在满足顾客需求的同时，损坏了整个社会中其他公众和团体的利益，如造成了资源浪费、环境污染等，引起整个社会的不满和谴责，败坏了企业的声誉和形象，最终导致经营失败。所以，按照社会市场营销观念，企业要想获得长期成功，除满足顾客需求外，还应兼顾整个社会的利益，处理好企业利润、消费者需要和社会利益三者之间的关系。

9. 答：市场营销具有如下功能：

（1）交换功能。在交换过程中，产品的所有权发生转移，买主主体需要对购买什么、向谁购买、购买数量、购买时间等进行选择；而卖主主体需要确定目标市场，努力促销并实施售后服务等。

（2）物流功能。包括货物的运输和存储。它是实现商品交换的前提和必要条件。

（3）分等功能。市场对产品按照一定的质量、规格、等级进行整理分类等。这也是市场交换中的标准化过程。

（4）融资功能。这已是西方国家批发商和某些代理商的主要职能，即零售商从独立供货商进货，通常不必立即付清货款，有一定的信用赊销期限。独立批发商通过这种商业信用方式，向广大中小零售商提供财务援助。

（5）风险功能。在市场营销过程中商品可能被损坏，可能不被市场需要或成为非时尚产品而卖不出去，不得不对产品进行削价出售。如果用户对产品质量不满意，还要实行包退包换。这就是产品的制造商和批发商所要承担的市场风险。

(6) 信息功能。在市场营销过程中，批发商和零售商比制造商更接近购买者，因此，他们更了解市场情况，更具有提供信息的职能：一方面向制造商提供用户需要哪些产品的信息和建议；另一方面向零售商提供新产品的说明，提出竞争价格的建议。

市场营销的社会作用主要有：

(1) 产品的地点效用。沟通产销两地，使消费者能在适当的地方买到适合的商品。

(2) 产品的时间效用。沟通生产者与消费者时间上的差异，使新产品能尽快被消费者认知，使消费者及时买到适当的产品。

(3) 产品的占有效用。市场营销使商品从所有者手中过渡到消费者手中。

(4) 产品的形式效用。制造商通过销售商提供的"地点效用""时间效用"和"占有效用"的市场信息，了解消费者对产品的功能及外形等需求，按照需求生产适销对路的产品。

10. 答：发现市场机会的途径主要有：

(1) 挖掘现有市场。在现有市场上挖掘潜力，指导现有的产品进一步渗透到现有的目标市场上去，扩大销售量。

(2) 开发新市场。在现有的产品无潜力可挖的情况下，以现有的产品开发新的市场。

(3) 开发新产品。在市场开发无潜力可挖时，考虑进行新产品开发。

(4) 多角化经营。当产品开发潜力不大时，可根据自身资源条件考虑多元化经营，在多种经营中寻求新的市场机会。

(七) 案例分析

[答案要点]

案例 1-1

1. 市场营销理念。

2. 树立了市场营销理念，形成了自己的经营数学，推出了"1、2、3、4、5"的服务承诺，真正将消费者视为"上帝"，从消费者的需要出发，尽最大可能满足消费者对产品和服务的需求，并且同时照顾中间商的利益，以保证流通渠道的畅通，通过提高消费者的满意程度实现产品价值的提高，从而形成了企业生产经营的良性循环。

案例 1-2

市场营销观念是随着商品经济的发展和市场供求关系的变化而发展变化的。在商品经济的发展过程中，市场营销观念也不断地发生变化，其中最重要的变化是从"以产定销"到"以销定产"的转变，大体上经历了以下几个发展阶段：

(1) 以生产为中心的生产观念和产品观念阶段。生产观念认为，顾客可以接受任何买得到且买得起的产品，因此，企业的主要任务就是努力提高劳动生产率，扩大生产规模，降低产品成本。产品观念认为，顾客喜欢质量优、性能好和有特色的产品，产品销售情况不好是因为产品质量不好。只要产品质量好，别具特色，就一定能够获得经营成功。因此企业应持续地改进产品质量，不断制造出好的产品。当时由于社会生产力水平还比较低，商品供不应求，导致了生产观念和产品观念的流行。表现为企业生产什么产品，市场上就销售什么产品。

（2）以推销为中心的推销观念阶段。推销观念认为，顾客不会主动购买企业的产品，而是要通过卖方的销售刺激，才被诱导着采取购买行动。因此，企业只要对已经生产出来的产品进行大力推销，就能增加销量，获得利润。随着资本主义工业化的发展，社会产品日益增多，市场上许多商品开始供过于求。企业为了在竞争中立于不败之地，纷纷重视推销工作，如组建推销组织、培训推销人员、研究推销术、大力进行广告宣传等，以诱导消费者购买产品。这种营销观念是“我们会做什么，就努力去推销什么”。由生产观念、产品观念转变为推销观念，是企业经营指导思想上的一大变化——由重生产转为重销售。但这种变化没有摆脱“以生产为中心”“以产定销”的范畴。前者强调生产产品，后者强调推销产品。所不同的是，生产观念是消极等顾客上门，而推销观念是主动上顾客的门，加强对产品的宣传。

（3）以消费者为中心的市场营销观念阶段。该观念认为，实现企业目标的关键是切实掌握目标消费者的需要和愿望，并以消费者需求为中心，集中企业的一切资源和力量，设计、生产适销对路的产品，安排适当的市场营销组合，采取比竞争者更有效的策略来满足消费者的需求，取得利润。“顾客至上”“顾客就是上帝”等就是这种观念的体现。贯彻市场营销观念要把握以下三个基本要求：发现并满足客户需求；开展整体营销活动；能够实现组织目标。市场营销观念的产生是企业经营观念的一次根本性变革。传统的企业经营观念是“以产定销”，企业能生产什么就销售什么，不考虑或很少考虑市场需求；而市场营销观念要求企业从“以产定销”转变为“以销定产”或“以需定产”，即生产和经营客户需要的产品，并在此基础上实现利润。在这种观念指导下，企业应重视市场调研，在不断变化的市场上捕捉那些尚未得到满足的消费需求，集中企业一切资源和力量，去适应和满足这种需求，从而在客户满意之中扩大市场，以期长久获利。

案例 1－3

观念指导行动，有什么样的观念，就会采取什么样的行动。因此，营销观念的正确与否对企业的市场营销活动具有至关重要的作用。

案例 1－4

新观念的产生来自于对市场变化的洞察和敏感。同时，要改变观念，需要打破“引以为常”的思考模式，树立创新思维。同时要寻求增进思考能力的方法，不断地问自己，还有什么其他的方法。一个人要能打破习惯领域，才能继续成长。企业亦是如此。

案例 1－5

“创造市场”代表的是以消费者为中心的市场营销观念。要创造市场，让市场跟我走，就必须了解市场，把握消费者的心，开发适应性产品。

案例 1－6

IBM 公司之所以能够长期维持其在电子计算机市场的统治地位，主要在于其独到的市场营销观念：重视技术，更重视顾客的需要和欲求；注重技术计划，更注重商业计划。如果技术不符合顾客的需要和欲求，技术计划不符合商业计划，宁可将技术和技术计划放弃不用。

（八）实践活动

［要点提示］

实践 1－1

1．三个派出去的人员因各自的营销观念和站的角度不同而有了不同的想法，不同的想法又导致了不同的结果。

第一个人员是站在生产的角度来思考问题，所持的是生产观念，这种观念是站在生产者的角度，认为企业生产什么就卖什么，认为消费者喜欢可以随时买到的价廉商品。

第二个人员是站在产品的角度来思考问题，所持的是产品观念，这种观念站在产品角度，认为消费者通常不会足量购买某一企业的产品，企业必须积极推销其产品，大量促销。

第三个人员是站在消费者的角度来思考问题，所持的是营销观念，这种观念站在消费者的角度，认为企业必须正确确定目标市场的需要和欲望，比竞争者更有效地供给目标市场希望的物品。

目的：通过分析认识营销观念的发展，掌握营销观念的应用。

2．如果你是该项目的负责人，应该和第三个人员一样，以买方为研究基点，注意买方需要，通过产品满足顾客的需要，按照营销的步骤拟订一份可行的营销实施计划。

实践 1－2

1．通过查阅相关的案例，结合上述材料，从营销的体系上逐一分析国际营销与国内营销之间的区别和联系，主要明确：

（1）相同之处。

①理论基础和营销技巧相同。

②最终目的和使用的手段也基本相同。

（2）不同之处。

①所面临的营销环境不同。

②国际营销要作出独特的战略决策。

2．通过参观企业来体会国际营销与国内营销之间的区别与联系，主要体会从国际营销与国内营销企业之间的企业营销文化、企业营销理念、企业相关的营销渠道、营销策略等方面的不同点和共同点。

第二章
国际市场营销环境

一、练习题

（一）名词解释

1. 市场营销环境
2. 自我参照准则
3. 人均国民收入
4. 个人可支配收入
5. 个人可任意支配收入
6. 恩格尔定律
7. 环境机会
8. 环境威胁
9. 潜在的市场机会
10. 边缘的市场机会
11. 企业的内部差别优势
12. 市场定位的4C's

（二）填空题

1. 一般来说，市场营销环境主要包括两方面的构成要素：一是________要素，即与企业紧密相连，直接影响其营销能力的各种参与者；二是________要素，即影响企业微观环境的巨大社会力量。

2. 微观环境直接影响和制约企业的市场营销活动，而宏观环境主要以微观营销环境为媒介间接影响和制约企业的市场营销活动。前者可称为________营销环境，后者可称为________营销环境。

3. 对市场营销环境研究不断扩大的过程，国外市场学称之为“____________”。

4. 企业营销活动必须首先________环境，同时还必须发挥________，设法影响并改变环境。

5. 社会文化环境主要由两部分组成：一是全体社会成员所共有的________文化；二是随时间变化和外界因素影响而容易改变的________或亚文化。

6. 经济特性包括________、________、基础设施等多方面的因素。

7. 市场是由有购买欲望和购买能力的人组成的，因此影响某国市场规模大小的主要因素是该国的________和________。

8. 企业的微观营销环境主要由________、营销中介机构、顾客、________、社会公众以及企业内部参与营销决策的各部门组成。

9. 企业在寻找和选择供应商时，应特别注意两点：第一，企业必须充分考虑供应商的________；第二，企业必须使自己的供应商________。

10. 存在于环境中的市场机会主要有两种：________的市场机会和________的市场

机会。

11．市场机会的价值大小由市场机会的________和________两方面因素决定。

12．市场机会的可行性是由企业____________和____________两方面决定的。

13．非家庭住户主要有三种形式：单身成年人住户、________和________。

14．市场定位的4C's是指企业在进行市场定位时必须考虑____________、____________、____________和作为公司（Company）自身的特点等四个因素。

15．恩格尔定律认为，随着家庭收入的增加，家庭收入中（或总支出中）用来购买________的支出会下降。

（三）单项选择题

1．下面对市场营销环境特点的叙述错误的是（　　）。

A．客观性　　B．差异性

C．相关性　　D．静态性

2．影响国际营销的核心因素是（　　）。

A．社会文化环境　　B．经济环境

C．科技环境　　D．政治、法律环境

3．下面哪部分收入是消费需求变化中最活跃的因素（　　）。

A．国民收入　　B．人均国民收入

C．个人可支配收入　　D．个人可任意支配收入

4．影响非生活必需品和劳务销售的主要因素是（　　）。

A．国民生产总值　　B．人均国民收入

C．个人可支配收入　　D．个人可任意支配收入

5．决定市场规模和潜力的一个基本要素是（　　）。

A．人口总量　　B．人口增长率

C．人口分布状况　　D．人口年龄结构

6．预测市场前景的一个重要指标是（　　）。

A．人口总量　　B．人口增长率

C．人口分布状况　　D．人口年龄结构

7．市场定位的4C's不包括下面哪个因素（　　）。

A．客户　　B．销售渠道

C．竞争　　D．环境

8．企业在寻找和选择供应商时，必须充分考虑（　　）。

A．供应商的国籍　　B．供应商的年龄

C．供应商的性别　　D．供应商的资信状况

9．在进入某一国家的市场之前，必须首先考虑其（　　）。

A．政治是否稳定　　B．市场是否足够大

C．科技是否发达　　D．基础设施是否齐全

10．恩格尔定律认为，随着家庭收入的增加，家庭收入中（或总支出中）（　　）。

A．用来购买食物的支出会下降　　B．用来购买食物的支出会上升

C. 用来购买耐用消费品的支出会下降　D. 用来旅游、保健等的支出会下降

(四) 多项选择题

1. 下面对市场营销环境特点的叙述正确的是（　　）。

A. 客观性　B. 差异性

C. 相关性　D. 动态性

E. 不可控性

2. 市场机会具有如下特点（　　）。

A. 针对性　B. 利益性

C. 时效性　D. 公开性

E. 永恒性

3. 企业营销活动要适应环境，必须做到（　　）。

A. 企业营销要符合现有的营销环境

B. 企业要善于从环境中寻找营销机会

C. 企业要根据环境的变化调整营销策略

D. 企业要以静制动，以不变应万变

E. 企业要随波逐流

4. 企业在开展营销活动时要发挥主观能动性，必须做到（　　）。

A. 从积极主动的角度出发，能动地去适应营销环境

B. 以各种不同的方式增强适应环境的能力，避免来自营销环境的威胁

C. 在变化的环境中寻找自己的新机会，并可能在一定的条件下转变环境因素

D. 努力去影响和改变营销环境，为企业创造一个更有利的活动空间

E. 努力使营销活动与营销环境取得有效的适应

5. 下面关于社会文化环境的叙述正确的是（　　）。

A. 社会文化环境是指一个社会的民族特征、价值观念、风俗习惯等的总和

B. 社会文化环境主要由两部分组成，即基本核心文化和社会次文化

C. 社会文化因素通过影响消费者的思想和行为来影响企业的市场营销活动

D. 直接或间接地影响产品的设计、包装、信息的传递方法等

E. 企业在从事营销活动时，应重视对社会文化的调查研究并作出适宜的营销决策

6. 教育水平对营销的影响主要表现在以下几个方面（　　）。

A. 影响着消费者心理和消费结构

B. 影响着企业营销组织策略的选取

C. 影响着销售推广的方式方法

D. 影响着产品的设计和产品策略的制定

E. 企业的分销人员受教育的程度影响着企业的市场营销活动效果

7. 下面对罗斯托经济发展阶段理论的叙述正确的是（　　）。

A. 处于传统社会阶段的国家是一个十分有限的国际营销市场

B. 处于起飞准备阶段的国家进口产品的种类和档次差异很大

C. 处于起飞阶段的国家对工业制成品的进口逐渐限制、减少

D. 处于趋于成熟阶段的国家出口大，进口也大，是国际营销规模较大的市场
E. 处于高度消费阶段的国家拥有相当规模的可自由支配的收入
8. 人口对市场规模大小的影响主要表现在（　　）。
A. 人口总量是决定市场规模和潜力的一个基本要素
B. 人口增长率是预测市场前景的一个重要指标
C. 人口分布状况对产品需求、促销方式、分销渠道都产生不同程度的影响
D. 人口年龄结构、性别结构影响着市场的需求结构
E. 家庭结构影响着产品的设计和包装
9. 收入对市场规模的影响主要表现在（　　）。
A. 消费者收入是衡量市场规模及其质量的重要指标
B. 国民生产总值是衡量一个国家购买力的重要指标
C. 人均国民收入和家庭收入在一定程度上决定商品需求的构成
D. 个人可支配收入越高，其购买力就越大
E. 个人可任意支配收入是影响非生活必需品和劳务销售的主要因素
10. 市场定位的4C's是指企业在进行市场定位时必须考虑的四个因素，即（　　）。
A. 客户　　B. 销售渠道
C. 竞争　　D. 公司自身的特点
E. 环境
11. 下面关于供应商的叙述正确的是（　　）。
A. 供应商是影响企业营销的微观环境的重要因素之一
B. 供应商是指向企业及其竞争者提供生产产品和服务所需资源的企业或个人
C. 供应商影响供货的稳定性与及时性
D. 企业在寻找和选择供应商时，必须充分考虑供应商的资信状况
E. 企业必须使自己的供应商多样化
12. 针对世界各国环境保护意识的增强，企业在开展国际营销活动时，必须（　　）。
A. 密切关注当地政府和市场消费者对环境保护的关注程度
B. 特意宣传产品，使用了多少再生资源
C. 强调产品对环境污染非常小，以迎合消费者的环保观念
D. 必须了解和遵循当地有关环保的法令和条规
E. 产品最好能有通过ISO14000的环保认证标志
13. 技术革命特别是信息技术发展对国际营销的影响主要表现为（　　）。
A. 因特网已经成为国际营销中满足消费者需求最具魅力的营销工具
B. 可以有效降低国际交易的费用和交易风险
C. 利用技术革命对产品实行技术创新，提高产品的技术含量已成为企业竞争的重要策略
D. 随着技术的快速发展，时间成为决定产品策略成败的关键
E. 影响着国际市场的竞争的内容
14. 因特网对国际营销的影响主要表现为（　　）。
A. 国际营销中满足消费者需求最具魅力的营销工具

B. 克服了国际营销过程中的时空限制

C. 可以为国际市场中所有顾客提供及时的服务

D. 可以及时了解不同市场顾客的特定需求

E. 可以有针对性地为顾客提供服务

15. 下面对不同国家和地区有关营销的法律规定正确的是（　　）。

A. 出口美国的服装在标签上必须写明所用材料的成分

B. 比利时规定只能用八边形的褐黄色玻璃瓶盛装药剂

C. 德国不许使用比较性广告，英国不许在电视上做烟草或酒类广告

D. 法国法律特别禁止挨家挨户推销

E. 法国政府冻结若干个产品的价格，而日本只对大米实行价格控制

（五）判断题

1. 直接营销环境与间接营销环境之间是并列关系，影响和制约企业的市场营销活动。（　　）

2. 营销环境总是处在一个不断变化的过程中，它是一个动态的概念。（　　）

3. 强调企业适应所处的环境，就意味着企业对于环境是无能为力或束手无策的，只能消极地、被动地改变自己以适应环境。（　　）

4. “适者生存”既是自然界演化的法则，也是企业营销活动的法则。（　　）

5. 语言文字的不同对企业的营销活动几乎没有什么影响。（　　）

6. 宗教信仰对教徒的消费行为具有鼓励和限制作用。（　　）

7. 在国际市场营销中，文化没有对与错、好与坏之分，只有差异。（　　）

8. 一个国家的基础设施越好，市场的吸引力也就越大。（　　）

9. 在一定的条件下，一个国家的人口越多，市场就越大。（　　）

10. 一些生活必需品的需求总是与人口数量成正比的。（　　）

11. 对一个企业来说，可以把公共关系事务完全交给公共关系部门处理。（　　）

12. 波士顿咨询公司的负责人乔治·斯托克提出，能获胜的公司是取得公司内部优势的企业，而不仅仅只是抓住公司核心能力。（　　）

13. 在测定市场潜力时要考虑国民收入和个人收入两个指标。（　　）

14. 消费者收入是衡量市场规模及其质量的重要指标。（　　）

15. 国民生产总值增长越快，对工业品的需求和购买力就越大，反之，就越小。（　　）

16. 个人可任意支配收入是影响非生活必需品和劳务销售的主要因素。（　　）

（六）简答题

1. 发展经济学家华尔特·罗斯托（Walt W. Rostow）将世界各国经济的发展分为哪六个阶段？

2. 面对市场营销环境带来的威胁，企业可以采取什么可能的决策？

3. 人们为什么称技术为“创造性的毁灭力量”？试举例说明。

4. 宗教信仰对市场营销有何影响？

5. 自然和地理环境对国际营销有何影响？

6. 企业的微观营销环境主要由哪些因素组成？
7. 供应商对企业营销活动有何影响？企业在寻找和选择供应商时应注意什么问题？
8. 市场机会的价值大小由哪些因素决定？

（七）论述题

1. 企业应如何处理与市场营销环境的关系？
2. 技术革命特别是信息技术的发展对国际营销有何影响？

（八）案例分析

案例2-1：比利时与印度的市场哪个大？

比利时的人均收入大约是印度的34倍，但印度国民生产总值大约是比利时的两倍，印度卡车、水泥和钢铁消费量却是比利时的3倍。

请问：

1. 使用人均收入指标就上述产品比较两国市场的大小对不对？
2. 用国民生产总值指标能否说明问题？

案例2-2：丰田汽车驶入美国市场

日本丰田汽车公司20多年前开拓美国市场时，首次推向美国市场的车牌“丰田宝贝”仅售出228辆，出师不利，增加了丰田汽车以后进入美国市场的难度。丰田汽车公司面临的营销环境变化及其动向是：

（1）美国几家汽车公司名声显赫，实力雄厚，在技术、资金方面有着别家公司无法比拟的优势。

（2）美国汽车公司的经营思想是：汽车应该是豪华的，它们忙于比豪华，因而其汽车体积大，耗油多。

（3）竞争对手除了美国几家大型汽车公司外，较强的对手还有已经先期进入美国市场的日本大众汽车公司，该公司已在东海岸和中部地区站稳了脚跟。该公司成功的原因主要有：以小型汽车为主，汽车性能好，定价低；有一个良好的服务系统，维修服务很方便，成功地打消了美国消费者对外国车“买得起，用不起，坏了找不到零配件”的顾虑。

（4）大众汽车公司忽视了美国人的一些喜好，许多地方还是按照日本人的习惯设计的。

（5）日美之间不断增长的贸易摩擦，使美国消费者对日本产品有一种本能的不信任的排斥和敌意。

（6）美国人的消费观念正在转变，他们将汽车作为地位、身份象征的传统观念逐渐减弱，开始转向实用性。他们喜欢腿部空间大、容易行驶且平稳的美国车，但又希望大幅度减少用于汽车的耗费，如价格低、耗油少、耐用、维修方便等。

（7）消费者已意识到交通拥挤状况的日益恶化和环境污染问题，乘公共汽车的人和骑自行车的人逐渐增多。

（8）在美国，核心家庭大量出现，家庭规模正在变小。

当时丰田汽车公司的显著特点是：在小型汽车的生产、经营、技术、管理经验等方面有明显的优势。因此，上述（1）、（3）、（5）、（7）条的动向给丰田汽车公司造成环境威胁，（2）、（4）、（6）、（8）条的动向则给丰田汽车公司带来市场机会，使丰田汽车公司可能享有“差别利益”。

经过分析，丰田汽车公司利用美国汽车公司生产体积大、耗油多的豪华汽车以及美国家庭规模变小和美国人购买汽车转向实用性带来的市场机会，成功地将小汽车打进了美国市场。

丰田汽车公司没有同竞争对手展开直接的正面竞争，没有同美国的大汽车公司比豪华、比档次、比实力。而且针对大众汽车公司的威胁，丰田汽车公司针对大众汽车比美国汽车价格低的特点，本着“皇冠就是经济实惠的原则”，毅然将价格定得更低，每辆“皇冠”只有2 000美元，而随后推出的主要产品“花冠”系列每辆还不到1 800美元；丰田汽车公司吸收了大众汽车公司售后服务系统很完善的优点，做得比大众更出色，力所能及地在自己的销售阵地设立各种服务站，并且保证各种零配件“有求必应”，消除了顾客的后顾之忧。

丰田汽车公司在当时的广告设计和促销过程中，极力掩饰汽车的日本来源、特性及风格，强调产品的美国特点和对美国的消费者的适应性，从而减轻了美国消费者对丰田企业的抵触心理。

丰田汽车公司当时针对大众汽车公司在东海岸和中部地区的优势，把战略重点放在大众产品市场基础薄弱的西海岸，待站稳脚跟，再向东扩张。在分销渠道的选择上，也没有急于设立自己的分销机构，而是采用代理制，给代理商以很大的优惠。据统计，这一政策实施五年以后，有46%的代理商转为专营丰田汽车。

丰田汽车公司还为汽车增加了新功能，使其全面适应美国市场，从品质、价格、型号、促销、分销等方面进行全面改进。丰田汽车公司推出的“皇冠”汽车不仅外形美观、操纵灵活、省油、价低、方便，而且内部装备了所有美国人都渴望的装修，如柔软舒适的坐椅、柔色的玻璃，连边扶手长度和脚部活动空间的大小都按美国人的身材要求来设计，因而取得了极好的效果。

请问：

1. 丰田汽车公司在进入美国市场时面临哪些机会和威胁？
2. 丰田汽车公司如何有效地利用了机会，规避了威胁？

案例2-3：联想集团：海外拓展

联想集团在向海外发展的过程中，曾经对其所处的环境成功地进行了分析，从而制定出了有针对性的营销战略，获得了快速发展。

1. 宏观环境分析

（1）技术前景。联想集团是由中国科学院计算技术研究所投资创办的，而香港联想公司是由中国科学院联想集团与香港企业合资创办的。中国科学院计算技术研究所拥有1 800多名各类计算机专业人才，技术实力雄厚，在计算机技术研究领域代表国家最高水平，被称为中国计算机技术的“发源地”。香港联想公司虽然没有很充裕的资金投人，却能以中国计算机专业的“最高学府”为技术后盾，有一大批优秀的内地科技人才直接或间接地在为公司服务。这种得天独厚的优势是它能够从众多同行企业中脱颖而出的首要因素。

（2）政策背景。联想集团的创办是对外开放政策和科技体制改革的产物。中国科学院有100多个研究所，基本上是20世纪五六十年代按照前苏联模式建立起来的经院式的研究学府，偏重基础研究，忽视应用研究，科研工作与国民经济的发展相脱节。另外，由于过去国家实行对外封闭政策，使中国的计算机技术研究与发达国家拉开了距离。1988年4月，在中国科学院领导的关心下，香港联想电脑有限公司成立。创办香港联想公司是中国科学院参加国际合作的一种方式，是走向海外市场的一种探索。

（3）经济背景。走向欧美市场是合作双方经济发展的共同需要。香港是国际贸易中心，商业经济发达，信息灵敏，渠道畅通，加上市场竞争机制和行之有效的企业管理方式，使它在吸收、消化最新技术，尽快取得经济效益方面具有突出的优势。但是相对来讲，香港科研力量比较薄弱，高技术人才缺乏，严重限制了企业的发展，影响了其在香港经济地位的稳定。而国内科技人才积压，智力资源得不到充分合理的开发。从这个角度看，吸引内地科技力量来港合作，共同走进欧美市场，可以实现共同利益。

2. 行业环境分析

几年来，在国内市场的竞争中，通过技术服务产生增值的流通领域内的公司，可能会发迹一时，但实质上时刻被危险的阴影所笼罩。鉴于以上情况，联想公司就利用汉卡作为促销微机的手段，努力建设销售网点并做好培训服务工作，使自己在计算机流通领域内站稳了脚跟。完全由自己开发并具有多种效益的产品，就是联想汉字系统。这部分产品占公司营业额的30%左右。公司的主营产品之一是微机，尽管它占公司营业额最大，但微机的硬件部分全部依靠进口。于是，公司按照国家政策，同时也为了让自己能继续发展下去，决心研制自己的微机。据统计，国内计算机市场在全世界只占5%，进口部件则需要设法使用外汇去平衡，国内市场存在着诸多不可预测的因素，无法分析竞争对手的形势、市场变化的受控因素，等等。因此，联想集团下决心走向海外，充分利用国内外的各种优势，形成了有研究中心、有生产基地、有跨国销售网点的计算机产业集团。

3. 企业内部环境分析

（1）联想集团的产品历史（1988年以前）。联想汉字系统1988年曾获国家科技进步一等奖，自投放市场以来，已销售了两万多套，创造了6 000多万元人民币的产值。经过不断开发完善，现在联想汉字系统已经形成6个硬件型号、10个软件版本的系列产品，广泛应用于办公自动化、CAD、计算机网络、电子排版等领域。现在，联想汉字系统广泛应用在全国交通系统、财政系统、公安系统、农牧渔业系统、国家土地管理系统和一些工矿企业、机关、部队、院校中。随后，联想又推出了各种型号微机、联想CAD超级汉字系统、联想“1+1教育电脑”等，并且还代理销售AST微机、HP打印机等国外名牌产品。

（2）联想集团的管理体制。联想集团是个有“拼命三郎”精神的创造型的“大牌”科技专家集团。管理和高科技的带头人有机地结合，为以后联想形成技工贸一体化的企业结构奠定了基础。联想集团的管理体制是“大船结构”。这种结构是在联想公司发展过程中于1998年产生的，为联想第一战略目标的实现起了巨大的作用。“大船结构”的特点是：按工作性质划分部门，分工协作；各“船舱”定位，统一指挥，统一号令；研究、开发、生产、销售、服务一体化，海内外一体化。大家密切配合，同步动作，互相促进，里外呼应，为着同一目标，接受同一个系统的指挥，做到了有效地集中财力、物力和人力，保证了战略目标的实现。

（3）销售组织与网络。总公司有业务部和企业部，地方有分公司和代理商、经销商，形成了一支经验丰富的销售队伍。拥有19家分公司，建立了遍布全国的销售网络，拥有了国内市场。

请问：

1. 联想公司是如何对自己所处的环境进行分析的？
2. 你认为联想公司成功之处主要在哪里？
3. 制定营销战略为什么要先分析企业的市场营销环境？

案例2-4：后来居上的日本汽车工业

美国的汽车制造业一度在世界上占霸主地位，而日本的汽车工业则是20世纪50年代学习美国发展起来的，但是，时隔20年，日本汽车制造业突飞猛进，充斥欧美市场及世界各地，把美国的汽车工业打得一塌糊涂。为什么会出现如此戏剧性的变化呢？

美国的汽车注重舒适豪华，当然比较耗油。在60年代，美国经济一派繁荣景象，再加上石油价格低廉，当然汽车业发展迅速。但是日本汽车制造商通过市场调查得出如下结论：①即将要发生世界性的能源危机，石油价格会很快上涨，因此，耗油量大的轿车面临危机，必须改产耗油量小的轿车来适应能源奇缺的环境。②随着汽车数量的增多，马路上车流量增加，停车场的收费会提高，因此，只有造小型车才能适应拥挤的马路和停车场。③在工业发达的国家，一个家庭只有一部汽车不能满足需要，潜力巨大。于是，日本汽车制造商研究制造出了物美价廉的小型节油轿车。在70年代的世界石油危机中，日本车横扫欧美市场，市场占有率不断提高，而欧美各国生产的传统豪华型轿车，却因耗油大、成本高使销路大受影响。

请问：

1. 日本轿车为什么会后来居上？
2. 美国汽车业的失败对我国有何启示？

案例2-5："指南针地毯"的启示

比利时一个地毯商把脑筋动到了穆斯林身上。这个名叫范德维格的商人，聪明地将扁平的指南针嵌入祈祷地毯。这种特殊的指南针，不是指南或指北，而是直指圣城麦加。这样，伊斯兰教徒不管走到哪里，只要把地毯往地上一铺，麦加方向顷刻之间就能准确找到。这种地毯一推出，在穆斯林居住区立即成了抢手货，几个月内，范德维格在中东和非洲一下子就卖掉了25 000多张，赚了大钱。

请问：

1. 比利时商人成功的秘诀是什么？
2. 比利时商人的做法对我们有何启发？

（九）实践活动

实践2-1：营销环境分析的基本方法

目的与要求

通过对材料的理解与分析，掌握营销环境分析的基本方法。

材料

美国洛杉矶有一位商人1977年以25万元的巨款买下了一项专利——生产一种叫“米沙”的玩具熊——这是1980年莫斯科夏季奥运会的吉祥物。此后两年，该商人一直致力于“米沙”的市场营销，成千上万的“米沙”生产出来，一切如预期的，“米沙”销路很好。该商人预测，这项业务的收入可达5 000万到1亿美元。然而，意料之外的事情发生了，由于当时的苏联入侵阿富汗并且拒绝撤军，美国宣布不参加1980年的莫斯科奥运会，骤然间，“米沙”变成了被人深恶痛绝的象征——再也无人购买，该商人预计的收入也化为了泡影。

实践内容

试分析从该案例中我们可以得到什么启示？拟写一份环境威胁与市场机会分析报告。

实践2－2：营销环境分析的基本方法

目的与要求

通过分析材料，掌握营销环境分析的基本方法。

材料

中东某国一生产红酒的集团欲进军中国市场，拟将总部设在广州并将广州作为市场基点，通过广州辐射广东乃至全国。

实践内容

请为该集团做一市场调研，完成一份有关中国市场宏观、微观环境的市场分析报告。

二、参考答案

（一）名词解释

1. 市场营销环境是指与企业营销活动有潜在关系的所有外部力量和相关因素的集合，它是影响企业生存和发展的各种外部条件。

2. 自我参照准则（Self-reference Criterion，简称SRC）是国际营销人员中的一种文化错位现象，指从事国际营销的人员经常自觉或不自觉地用母国的价值观念作为判断其他国家的商业文化和行为的标准。

3. 人均国民收入是用国民收入总量除以总人口的比值，它大体反映了一个国家人民生活水平的高低，也在一定程度上决定了商品需求的构成。

4. 个人可支配收入是在个人收入中扣除税款和非税性负担后所得余额，它是个人收入中可以用于消费支出或储蓄的部分，它构成实际的购买力。

5. 个人可任意支配收入是在个人可支配收入中减去用于维持个人与家庭生存不可缺少的费用（如房租、水电、食物、燃料、衣着等项开支）后剩余的部分。

6. 恩格尔定律是19世纪德国统计学家恩格尔发现的，该定律认为，一个家庭收入越少，家庭收入中（或总支出中）用来购买食物的支出所占的比例就越大；随着家庭收入的增加，家庭收入中（或总支出中）用来购买食物的支出则会下降。

7. 环境机会是指环境中存在的有利于企业营销活动的因素。

8. 环境威胁是指环境中存在的不利于企业营销活动的因素。

9. 潜在的市场机会是指隐藏在某种饱和的市场中的未被满足的市场需求。

10. 边缘的市场机会是指存在于两个或两个以上行业市场之间的未被满足的市场需求。

11. 企业的内部差别优势是指该企业比市场中其他企业更优越的内部条件，通常是先进的工艺技术，强大的生产力，良好的企业声誉等。

12. 市场定位的4C's是指企业在进行市场定位时必须考虑客户（Customers）、销售渠道（Channels）、竞争（Competition）和作为公司（Company）自身的特点等四个因素。

（二）填空题

1. 微观环境　宏观环境
2. 直接　间接
3. 企业的外界环境化
4. 适应　主观能动性
5. 基本核心　社会次文化
6. 经济发展阶段　生产要素
7. 人口　收入
8. 企业的供应商　竞争对手
9. 资信状况　多样化
10. 潜在　边缘
11. 吸引力　可行性
12. 内部环境条件　外部环境状况
13. 几人同居户　集体住户
14. 客户（Customers）　销售渠道（Channels）　竞争（Competition）
15. 食物

（三）单项选择题

1. D。理由：市场营销环境具有如下特点：①客观性；②差异性；③相关性；④动态性；⑤不可控性。

2. A。理由：在众多环境中，社会文化环境是影响国际营销的核心因素，因为文化渗透于营销活动的各个方面，市场营销成果的好坏受文化的裁判。

3. D。理由：个人可任意支配收入是在个人可支配收入中减去用于维持个人与家庭生存不可缺少的费用（如房租、水电、食物、燃料、衣着等项开支）后剩余的部分，这部分收入是消费需求变化中最活跃的因素，也是企业开展营销活动时所考虑的主要对象。

4. D。理由：个人可任意支配收入是在个人可支配收入中减去用于维持个人与家庭生存不可缺少的费用（如房租、水电、食物、燃料、衣着等项开支）后剩余的部分，主要用于满足人们基本生活需要之外的开支，一般用于购买高档耐用消费品、旅游、储蓄等，它是影响非生活必需品和劳务销售的主要因素。

5. A。理由：市场是由人组成的，因此人口是构成市场的主要因素之一。在一定条件下，一个国家的人口越多，市场就越大。在其他条件相同的情况下，一个国家的人口越多，潜在的市场就越大，特别是一些生活必需品的需求总是与人口数量成正比的。

6. B。理由：人口增长率是预测市场前景的一个重要指标，如果一个国家的人口增长很快，它对食品、服装和住房等消费品的需求就会迅速增加，这样的市场就是一个潜在的大市场。如果人们有足够的购买能力，人口增长就意味着市场扩大；另一方面，人口增长可能导致人均收入下降，市场吸引力降低，从而阻碍经济的发展。

7. D。理由：市场定位的4C's是指企业在进行市场定位时必须考虑客户（Customers）、销售渠道（Channels）、竞争（Competition）和作为公司（Company）自身的特点等四个因素。

8. D。理由：企业在寻找和选择供应商时，应特别注意两点：①企业必须充分考虑供应商的资信状况，要选择那些能够提供品质优良、价格合理的资源，交货及时，有良好信用，在质量和效率方面都信得过的供应商，并且要与主要供应商建立长期稳定的合作关系，保证企业生产资源供应的稳定性。②企业必须使自己的供应商多样化。企业过分依赖一家或少数几家供货人，受到供应变化的影响和打击的可能性就增大。为了减少对企业的影响和制约，企业就要尽可能多地联系供货人，向多个供应商采购，尽量注意避免过于依靠单一的供应商，以免在与供应商的关系发生变化时，使企业陷入困境。

9. A。理由：各国的政治环境都在变化，但变化的急缓程度不同。平缓的变化使企业有调整策略的余地，而急剧的变化往往使企业措手不及。因此，在进入某一国家的市场之前，必须首先考虑其政治是否稳定。

10. A。理由：恩格尔定律认为，一个家庭收入越少，家庭收入中（或总支出中）用来购买食物的支出所占的比例就越大；随着家庭收入的增加，家庭收入中（或总支出中）用来购买食物的支出则会下降。

（四）多项选择题

1. ABCDE。理由：市场营销环境具有如下特点：①客观性；②差异性；③相关性；④动态性；⑤不可控性。

2. ABCD。理由：市场机会具有如下特点：①针对性；②利益性；③时效性；④公开性。

3. ABC。理由：企业营销活动必须首先适应环境，要适应环境，必须做到以下三点：一是企业营销必须符合现有的营销环境；二是企业要善于从环境中寻找营销机会；三是企业要根据环境的变化调整营销策略。另一方面，企业在开展营销活动时必须发挥主观能动性，设法影响并改变环境。

4. ABCDE。理由：强调企业适应所处的环境，并不意味着企业对于环境是无能为力或束手无策的，只能消极地、被动地改变自己以适应环境，而是应从积极主动的角度出发，能动地去适应营销环境。也就是说，企业既可以以各种不同的方式增强适应环境的能力，避免来自营销环境的威胁，也可以在变化的环境中寻找自己的新机会，并可能在一定的条件下转变环境因素。或者说运用自己的经营资源去影响和改变营销环境，为企业创造一个更有利的活动空间，然后再使营销活动与营销环境取得有效的适应。

5. ABCDE。理由：社会文化环境是指一个社会的民族特征、价值观念、生活方式、风俗习惯、伦理道德、教育水平、语言文字、社会结构等的总和。它主要由两部分组成：

一是全体社会成员所共有的基本核心文化；二是随时间变化和外界因素影响而容易改变的社会次文化（或亚文化）。人类在某种社会中生活，必然会形成某种特定的文化。不同的社会文化，代表着不同的生活模式，对同一产品可能持有不同的态度，直接或间接地影响产品的设计、包装、信息的传递方法、产品被接受的程度、分销和推广措施等。社会文化因素通过影响消费者的思想和行为来影响企业的市场营销活动。因此，企业在从事市场营销活动时，应重视对社会文化的调查研究，并作出适宜的营销决策。

6. ABCDE。理由：一个国家、一个地区的教育水平与经济发展水平往往是一致的。不同的文化修养表现出不同的审美观，购买商品的选择原则和方式也不同。一般来讲，教育水平高的地区，消费者对商品的鉴别力强，容易接受广告宣传和接受新产品，购买的理性程度高。因此，教育水平的高低影响着消费者心理和消费结构，影响着企业营销组织策略的选取，以及销售推广方式方法的差别。在产品设计和制定产品策略时，应考虑当地的教育水平，使产品的复杂程度、技术性能与之相适应。另外，企业的分销人员受教育的程度等，也对企业的市场营销产生一定的影响。

7. ABCDE。理由：根据罗斯托（Walt W. Rostow）的经济发展阶段理论，处于传统社会阶段的国家，没有科学技术，生产力水平低下，是一个十分有限的国际营销市场；处于起飞准备阶段的国家，通常会出现收入和财富分配不均，贫富悬殊，中产阶级不多，因此进口产品的种类和档次差异很大；处于起飞阶段的国家，往往需要进口先进的机器设备等来完善自己的工业体系，对工业制成品的进口逐渐限制、减少；处于趋于成熟阶段的国家，出口大，进口也大，进口产品各种各样，包括原料、半成品、劳动密集型产品、奢侈品等，是国际营销规模较大的市场；处于高度消费阶段的国家，整个社会“富有”和“贫穷”的人数极少，大多数消费者属“中产阶级”，拥有相当规模的可自由支配的收入；处于追求生活质量阶段的国家，主导部门不再是耐用消费品工业，而是为提高生活质量的行业，如教育、保健、医疗、社会福利、文化娱乐、旅游等部门。

8. ABCDE。理由：人口是构成市场的主要因素之一。在一定的条件下，一个国家的人口越多，市场就越大，人口总量是决定市场规模和潜力的一个基本要素。人口增长率是预测市场前景的一个重要指标，如果一个国家的人口增长很快，它对食品、服装和住房等消费品的需求会迅速增加；人口分布状况对产品需求、促销方式、分销渠道都产生不同程度的影响；人口年龄结构、性别结构影响着市场需求结构；家庭结构影响着产品的设计和包装。

9. ABCDE。理由：消费者收入是衡量市场规模及其质量的重要指标。单纯的人口数字本身为市场营销者提供的信息是不充分的。衡量一国收入状况的主要指标有：①国民生产总值。它是衡量一个国家经济实力与购买力的重要指标。一般来说，工业品的营销与这个指标有关，而消费品的营销则与此关系不大。②人均国民收入。它大体反映了一个国家人民生活水平的高低，也在一定程度上决定商品需求的构成。一般来说，人均收入增长，对消费品的需求和购买力就大，反之就小。③个人可支配收入。它是个人收入中可以用于消费支出或储蓄的部分，它构成实际的购买力。个人可支配收入越高，其购买力就越大。④个人可任意支配收入。它是消费需求变化中最活跃的因素，也是企业开展营销活动时所要考虑的主要对象。因为这部分收入主要用于满足人们基本生活需要之外的开支，一般用于购买高档耐用消费品、旅游、储蓄等，它是影响非生活必需品和劳务销售的主要因素。

⑤家庭收入。一般来讲，家庭收入高，对消费品需求大，购买力也大；反之，需求小，购买力也小。

10. ABCD。理由：市场定位的4C's是指企业在进行市场定位时必须考虑客户（Customers）、销售渠道（Channels）、竞争（Competition）和作为公司（Company）自身的特点等四个因素。

11. ABCDE。理由：供应商是影响企业营销的微观环境的重要因素之一。供应商是指向企业及其竞争者提供生产产品和服务所需资源的企业或个人。供应商所提供的资源主要包括原材料、设备、能源、劳务、资金等。供应商影响供货的稳定性与及时性，影响供货的价格变动，影响供货的质量水平。针对上述影响，企业在寻找和选择供应商时，应充分考虑：①供应商的资信状况，要选择那些能够提供品质优良、价格合理的资源，交货及时，有良好信用，在质量和效率方面都信得过的供应商，并且要与主要供应商建立长期稳定的合作关系，保证企业生产资源供应的稳定性。②使自己的供应商多样化，尽量注意避免过于依靠单一的供应商，以免与供应商的关系发生变化时，使企业陷入困境。

12. ABCDE。理由：随着工业和经济的发展，自然环境问题变得越来越严峻，环境保护主义运动风起云涌，各国政府纷纷出台环保法律和法规，并提出可持续发展战略。因此，在开展国际营销活动时，必须密切关注当地政府和市场消费者对环境保护的关注程度。一般说来西方发达国家消费者的环保意识非常强，采取营销活动时要特意宣传产品使用了多少再生资源，而且要强调对环境污染非常小，以迎合消费者的环保观念；更重要的是，进行国际营销活动时，必须了解和遵循当地有关环保的法令和条规，否则产品可能遭到封存和禁止销售的处罚。企业在进行国际营销时，必须针对特定市场，对产品进行合适的包装、改造，避免引起环保问题争议。在对西方国家开展营销活动时，产品最好能有通过 ISO 14000 的环保认证标志，有该环保标志的产品可以在全球市场免除与环境相关问题的检查。这样既可以节省时间，也可以确立企业的环保品牌意识。

13. ABCDE。理由：企业在制定国际营销策略时，必须注意到技术革命特别是信息技术发展带来的变化，主要表现为以下几个方面：①因特网已经成为国际营销中满足消费者需求最具魅力的营销工具。因特网作为跨时空传输的"超导体"媒体，克服了国际营销过程中时空的限制，可以为国际市场中所有顾客提供及时的服务，同时通过因特网的交互性可以了解不同市场顾客特定需求并针对性地提供服务。②充分利用信息技术可以有效降低国际交易的费用和交易风险。信息技术革命推动了国际交易的全球化、直接化和便捷化，使得远程办公、远程会议和远程管理成为可能。③利用技术革命对产品实行技术创新，提高产品的技术含量已成为企业竞争的重要策略。④随着技术的快速发展，产品的设计、开发和使用周期缩短，时间成为决定产品策略成败的关键。⑤随着知识经济的发展，国际市场的竞争由传统的对资本等低层次资源占有的竞争，转变为对知识生产、占有和利用能力的竞争。

14. ABCDE。理由：因特网已经成为国际营销中满足消费者需求最具魅力的营销工具。因特网作为跨时空传输的"超导体"媒体，克服了国际营销过程中的时空限制，可以为国际市场中所有顾客提供及时的服务，同时通过因特网的交互性可以了解不同市场顾客的特定需求并针对性地提供服务。

15. ABCDE。理由：不同国家有不同的法律规定。

（五）判断题

1. 错误。理由：微观环境直接影响和制约企业的市场营销活动，而宏观环境主要以微观营销环境为媒介间接影响和制约企业的市场营销活动。前者可称为直接营销环境，后者可称为间接营销环境。两者之间并非并列关系，而是主从关系，即直接营销环境受制于间接营销环境。

2. 正确。理由：营销环境是企业营销活动的基础和条件，这并不意味着营销环境是一成不变的、静止的。恰恰相反，营销环境总是处在一个不断变化的过程中，它是一个动态的概念。

3. 错误。理由：强调企业适应所处的环境，并不意味着企业对于环境是无能为力或束手无策的，只能消极地、被动地改变自己以适应环境，而是应从积极主动的角度出发，能动地去适应营销环境。

4. 正确。理由：企业的生存和发展，愈来愈决定于其适应外界环境变化的能力。"适者生存"既是自然界演化的法则，也是企业营销活动的法则，如果企业不能很好地适应外界环境的变化，则很可能在竞争中失败，从而被市场所淘汰。

5. 错误。理由：语言文字是人类交流的工具，它是文化的核心组成部分之一。不同国家、不同民族往往都有自己独特的语言文字，即使同一国家，也可能有多种不同的语言文字，即使语言文字相同，表达和交流的方式也可能不同。语言文字的不同对企业的营销活动有巨大的影响。一些企业由于其产品命名与产品销售地区的语言等相悖，给企业带来巨大损失。

6. 正确。理由：不同的宗教信仰有不同的文化倾向和戒律，从而影响人们认识事物的方式、价值观念和行为准则，影响着人们的消费行为，带来特殊的市场需求，与企业的营销活动有密切的关系，特别是在一些信奉宗教的国家和地区，宗教信仰对市场营销的影响力更大。某些国家和地区的宗教组织在教徒的购买决策中有重大影响。一种新产品出现，宗教组织有时会提出限制和禁止使用，认为该商品与该宗教信仰相冲突。相反，有的新产品出现，得到宗教组织的赞同和支持，它就会号召教徒购买、使用，起到一种特殊的推广作用。

7. 正确。理由：在众多环境中，社会文化环境是影响国际营销的核心因素，因为文化渗透于营销活动的各个方面，市场营销成果的好坏受文化的裁判。适应一国的文化，说起来容易，做起来却非常困难。这是因为文化环境能在根本上影响人们对世界的看法和社会行为，即人们的行为无时不存在一种自我参照准则。当我们进入异域文化时，自我参照准则就会发生作用。如不注意克服，势必产生误解，影响营销效果。在国际营销时，我们不是判断某种文化的好坏，而是要适应文化环境。

8. 正确。理由：国际营销企业不仅要关心一个国家的某种产品的市场潜力，也必须估计经济基础设施的约束条件。一个国家的基础设施越好，越有利于提高投资效益，在这个国家的营销活动就会更顺利一些，市场的吸引力也就越大。

9. 正确。理由：人口是构成市场的主要因素之一。在一定的条件下，一个国家的人口越多，市场就越大。此外，人口的不同特性，如人口总量、增长率、分布、年龄和性别结构、家庭结构等因素，都会对市场营销产生多方面的影响。

10. 正确。理由：人口总量是决定市场规模和潜力的一个基本要素。在其他条件相同的情况下，一个国家的人口越多，潜在的市场就越大，特别是一些生活必需品的需求总是与人口数量成正比的。

11. 错误。理由：对一个企业来说，如果把公共关系事务完全交给公共关系部门处理，那将是一种错误。一个企业的全部雇员，从负责接待一般公众的高级职员到向财界发表讲话的财务经理，到走访客户的推销代表，都应该参与公共关系的事务。

12. 正确。理由：虽然每一个部门都可以拥有一个核心能力，但如何管理这些优势能力开发仍是一个挑战。有时，企业发展慢并非因为其各部门缺乏优势，而是因为它们不能很好地协调配合。

13. 正确。理由：在测定市场潜力时要考虑国民收入和个人收入两个指标。例如，1983 年科威特人均国民收入超过 18 000 美元，而印度约为 260 美元。通过这一数字的比较，可以断定科威特市场的吸引力应为印度的 70 倍。但是，本年度印度的国民生产总值又比科威特大 7 倍，人口比科威特多 600 倍。这说明评估市场潜力时，应对国民生产总值和人均国民收入进行对比分析。

14. 正确。理由：市场是由有购买欲望和购买能力的人组成的，因此影响某国市场规模大小的主要因素是该国的人口和收入。消费者收入是衡量市场规模及其质量的重要指标。单纯的人口数字本身为市场营销者提供的信息是不充分的。

15. 正确。理由：国民生产总值是衡量一个国家经济实力与购买力的重要指标。从国民生产总值的增长幅度，可以了解一个国家经济发展的状况和速度。一般来说，工业品的营销与这个指标有关，而消费品的营销则与此关系不大。国民生产总值增长越快，对工业品的需求和购买力就越大，反之，就越小。

16. 正确。理由：个人可任意支配收入是在个人可支配收入中减去用于维持个人与家庭生存不可缺少的费用后剩余的部分。这部分收入是消费需求变化中最活跃的因素，也是企业开展营销活动时所要考虑的主要对象。因为这部分收入主要用于满足人们基本生活需要之外的开支，一般用于购买高档耐用消费品、旅游、储蓄等，它是影响非生活必需品和劳务销售的主要因素。

（六）简答题

1. 答：第一阶段是传统社会阶段；第二阶段是起飞准备阶段；第三阶段是起飞阶段；第四阶段是趋于成熟阶段；第五阶段是高度消费阶段；第六阶段是追求生活质量阶段。大致说来，凡属前三个阶段的国家可称为发展中国家，而处在后三个阶段的国家则称为发达国家。

2. 答：面对市场营销环境带来的威胁，企业可以采取三种可能的决策：一是反抗，即试图限制或扭转不利因素的发展；二是减轻，即通过调整市场营销组合等来改善环境适应，以减轻环境威胁的严重性；三是转移，即决定转移到其他赢利更多的行业或市场。

3. 答：人们之所以称技术为“创造性的毁灭力量”，是因为一种新技术的出现往往会取代原有技术的位置，它既可使某些企业进入新行业，创造新的市场营销机会，又会给某些继续采用旧技术的企业带来环境威胁。例如，电子技术的进步产生了晶体管业，淘汰了真空管业这个老行业。

4. 答：限制或鼓励教徒的消费行为。与信仰一致则鼓励，否则就限制。

5. 答：影响国际营销产品的选择，影响国际营销产品的改进，影响国际营销时机的选择。

6. 答：企业的微观营销环境主要由企业的供应商、营销中介机构、顾客、竞争对手、社会公众以及企业内部参与营销决策的各部门组成。

7. 答：供应商对企业营销活动的影响主要表现在：供货的稳定性与及时性影响企业能否按期完成交货任务；供货的价格变动直接影响企业的成本；供货的质量水平直接影响到企业产品的质量。针对上述影响，企业在寻找和选择供应商时，应特别注意两点：第一，企业必须充分考虑供应商的资信状况，要选择那些能够提供品质优良、价格合理的资源，交货及时，有良好信用，在质量和效率方面都信得过的供应商，并且要与主要供应商建立长期稳定的合作关系，保证企业生产资源供应的稳定性。第二，企业必须使自己的供应商多样化。

8. 答：市场机会的价值大小由市场机会的吸引力和可行性两方面因素决定。反映市场机会吸引力的指标主要有市场需求规模、利润率、发展潜力；市场机会的可行性是由企业内部环境条件、外部环境状况两方面决定，企业内部环境条件如何是能否把握住市场机会的主观决定因素，企业的外部环境从客观上决定着市场机会对企业可行性的大小。

（七）论述题

1. ［答案要点］企业营销活动必须首先适应环境，而要适应环境，必须做到以下三点：一是企业营销必须符合现有的营销环境；二是企业要善于从环境中寻找营销机会；三是企业要根据环境的变化调整营销策略。另一方面，企业在开展营销活动时必须发挥主观能动性，设法影响并改变环境。

2. ［答案要点］因特网已经成为国际营销中满足消费者需求最具魅力的营销工具；可以有效降低国际交易的费用和交易风险；利用技术革命对产品实行技术创新，提高产品的技术含量已成为企业竞争的重要策略；产品的设计、开发和使用周期缩短，时间成为决定产品策略成败的关键；国际市场的竞争由传统的对资本等低层次资源占有的竞争，转变为对知识生产、占有和利用能力的竞争。

（八）案例分析

［答案要点］

案例 2－1

1. 使用人均收入指标就上述产品比较两国市场的大小是不对的。

2. 用国民生产总值指标可以说明问题。因为印度国民生产总值大约是比利时的两倍。

案例 2－2

1. 面临的市场威胁是：

(1) 竞争对手强大。美国几家汽车公司名声显赫，实力雄厚；已经先期进入美国市场的日本大众汽车公司已在东海岸和中部地区站稳了脚跟。

（2）美国消费者对日本产品有一种本能的不信任的排斥和敌意。

（3）消费者已意识到交通拥挤状况的日益恶化和环境污染问题，乘公共汽车的人和骑自行车的人逐渐增多。

面临的市场机会是：

（1）美国汽车公司的经营思想过时，忙于比豪华，汽车体积大，耗油多。

（2）大众汽车公司在产品设计上有明显缺陷。

（3）美国人的消费观念正在转变，开始转向实用性，希望大幅度减少用于汽车的耗费。

（4）在美国，核心家庭大量出现，家庭规模正在变小。

2. 做法是：

（1）冷静分析，明确机会和威胁。

（2）制定正确的营销组合策略。

（3）制定正确的竞争策略。

案例 2－3

1. 从三个方面对其所处的营销环境进行了分析：①宏观环境；②行业环境；③企业内部环境。

2. 先谋而后动，在决策之前先对自己所处的环境进行分析，然后制定了正确的营销策略。

3. 环境中存在机会和威胁，只有正确分析环境，才能趋利避害，制定出正确的决策。联想集团海外拓展战略的制定和实施，就是建立在充分认识了当时自己所处的各种环境因素的基础上，确定了经营方向、产品定位、管理体制，形成了具有特色的联想经营模式，通过立足海外市场进而渗透至国内市场，最终使联想成为具有一定影响力的著名品牌，创造了良好的品牌效应。

案例 2－4

1. 注重环境分析，及时采取应对措施。

2. 胜不骄，败不馁，时常看看周围环境，利用机会，规避威胁。

案例 2－5

1. 针对文化环境开发适应产品。

2. 市场多机会，经营需动脑。

（九）实践活动

［要点提示］

实践 2－1

从案例中我们看到，在进行企业营销的时候，我们不仅仅要注重微观环境的分析，宏观环境的分析也非常重要。只有对国际宏观和微观环境进行全面分析，我们才有可能避免环境威胁，发现环境机会。

环境威胁是指环境中有碍企业营销的趋势。

营销机会是指能使企业获得比竞争对手更多利益的营销时机。

实践 2－2

通过所学的知识，根据实践要求的主要目的，让学生学会分析宏观和微观环境，掌握宏观和微观环境分析的主要内容，主要有：

（1）政治环境。包括本国（母国 Home Country）、目标市场国（东道国 Host Country）和国际（世界）的政治形势（局势），重大、突发性政治事件，政治稳定性和政治风险，政治制度和体制（国体、政体），政党和政府的作用，党政方针、政策、措施，政府办事作风、效率，国家政府之间的关系，地方政府之间的关系，参加国际组织的情况，等等。

（2）经济环境。包括本国、目标市场国和国际的经济形势，经济发展规模、速度、水平，经济制度、体制，参加国际经济组织、国际经济活动的状况，国际经济地位，经济发展阶段，经济结构类型，国家、地区的产业布局，城市（城镇）化程度，水利、能源、交通、通讯等基础设施状况，消费者收入水平、消费水平、消费方式和消费结构，消费倾向和储蓄倾向，消费者储蓄和信贷状况，货币供应量、币值、外汇储备量、汇率、物价水平、通货膨胀率，税收和关税，外贸和国际收支状况，等等。

（3）法律环境。包括各国法律体系的基础——法系，本国和目标市场国的宪法、法律和行政法规，实体法和程序法，国内法和涉外法（国际私法），立法、司法、执法机构与程序，国际法（国际公法），国际条约，国际惯例，国际争端处理办法，等等。

（4）社会文化环境。包括影响一个社会的基本价值、观念、偏好和行为的风俗习惯和其他因素，是最复杂的环境因素。广义的文化指人类创造的一切物质、制度和精神，即包括物质文化、制度文化和精神文化；而狭义的文化则主要指精神文化，又称社会文化，是一个特定社会中，所有成员共同拥有、代代相传的种种行为和生活方式的总和。其特点既有继承性、固守性，又有学习性、融合性、变异性，在不同时代、时期和不同地域，差别可以很大。当今世界上有三大文化体系：东方文化、西方文化、伊斯兰文化。

（5）文化适应与文化变迁、科技与自然地理环境。

（6）消费者的消费模式和消费行为分析。

第三章 国际市场营销调研

一、练习题

（一）名词解释

1. 国际市场调研　　2. 二手资料调研　　3. 实地调研

（二）填空题

1. 人类正在进入信息社会阶段，________已经同企业的人、财、物一起组成了企业的四大资源。

2. 市场调研本质上是一种________活动，其在营销体系中扮演着________的角色。

3. 国际营销调研的方法主要可分为两大类，一类是________，另一类是________。

4. 二手资料的来源主要可以分成两大类：____________和____________。

5. 为有效地利用企业内外现有资料和信息以降低成本，首先应该尽量利用________方法，然后再根据既定目标的要求采用________方法。

6. 市场调研的最后阶段是根据统计、分析结果写出____________。

7. 调研报告应尽可能地________。

8. 调研报告一般分________和________。

（三）单项选择题

1. 当今信息社会，企业的第四大资源是（　　）。

A. 人　　B. 财
C. 物　　D. 信息

2. 二手资料调研的主要缺点是（　　）。

A. 目标不明确　　B. 浪费时间
C. 调研成本高昂　　D. 资料可能过时

3. 二手资料调研的主要优点是（　　）。

A. 准确性高　　B. 节省时间
C. 及时准确　　D. 资料新鲜

4. 实地调研的主要缺点是（　　）。

A. 不能及时准确地得到所需信息
B. 信息的针对性较差
C. 花费大、成本高
D. 资料陈旧过时

5. 实地调研的主要优点有（　　）。
A. 可及时准确地得到所需信息
B. 目标更加明确
C. 降低调研成本
D. 节省时间

（四）多项选择题

1. 在应用实地调研方法时主要应注意的几个问题是（　　）。
A. 样本问题
B. 语言问题
C. 通讯问题
D. 文化差异问题
E. 经费问题

2. 信息处理过程主要包括的步骤有（　　）。
A. 分类
B. 核对
C. 换算
D. 调整
E. 编校

3. 对调研结果进行统计、分析和预测后所获得的信息，要符合的要求有（　　）。
A. 准确性
B. 及时性
C. 针对性
D. 系统性
E. 预见性

4. 在当今信息社会，企业的四大资源是（　　）。
A. 人
B. 财
C. 物
D. 信息
E. 技术

5. 二手资料调研应注意资料的（　　）。
A. 可获性
B. 时效性
C. 可比性
D. 相关性
E. 精确性

6. 二手资料调研的主要优点有（　　）。
A. 目标更加明确
B. 节省时间
C. 降低调研成本
D. 资料新鲜
E. 准确性高

7. 二手资料调研的主要缺点有（　　）。
A. 资料可能过时
B. 准确性难于把握
C. 目标不明确
D. 浪费时间
E. 成本高昂

8. 实地调研的主要缺点有（　　）。
A. 不能及时准确地得到所需信息
B. 信息的针对性较差
C. 花费大、成本高
D. 项目周期长
E. 资料陈旧过时

9. 实地调研的主要优点有（　　）。

A. 可及时准确地得到所需信息　　B. 信息的针对性强

C. 降低调研成本　　D. 节省时间

E. 目标更加明确

（五）判断题

1. 调研工作务必须先是“做正确的事”，然后才是“正确地做事”。（　　）

2. 调研问题定得越大越好。（　　）

3. 为有效利用企业内外现有资料和信息以降低成本，首先应该尽量利用实地调研的方法。（　　）

4. 调研报告应尽可能地详尽全面。（　　）

5. 二手资料调研应注意资料的精确性。（　　）

6. 实地调研可及时准确地得到所需信息，信息的针对性强。（　　）

7. 当今信息社会，信息已成为企业的第四大资源。（　　）

（六）简答题

1. 什么是二手资料调研？其优缺点何在？

2. 二手资料调研应注意什么问题？调研人员在使用时应考虑什么问题？

3. 什么是实地调研？其优缺点何在？

4. 实地调研方法有哪些？

5. 在应用实地调研方法和技术时应注意什么问题？如何解决？

6. 为什么要对调研资料进行加工分析？

（七）论述题

1. 试述国际营销调研的内容。

2. 试述实地调研的三种主要方法。

（八）案例分析

案例 3－1：新可口可乐的错误决策

1. 决策的背景

20 世纪 70 年代中期以前，可口可乐公司是美国饮料市场上的“NO. 1”，可口可乐占据了美国 80% 的市场份额，年销量增长速度高达 10%。然而好景不长，20 世纪 70 年代中后期，百事可乐的迅速崛起令可口可乐公司不得不着手应付这个饮料业“后起之秀”的挑战。

1975 年全美饮料市场份额中，可口可乐领先百事可乐 7 个百分点；1984 年，市场份额中可口可乐领先百事可乐仅 3 个百分点，市场地位的逐渐均衡让可口可乐胆战心惊起来。

百事可乐公司的战略意图十分明显，通过大量动感而时尚的广告冲击可口可乐市场。

首先，百事可乐公司推出以饮料市场最大的消费群体——年轻人——为目标消费群体的“百事新一代”广告系列。由于该广告系列适宜青少年口味，以心理的冒险、青春、理想、激情、紧张等为题材，于是赢得了青少年的钟爱；同时，百事可乐也使自身拥有了“年轻人的饮料”的品牌形象。

随后，百事可乐又推出一款非常大胆而富创意的“口味测试”广告。在被测试者毫不知情的情形下，请他们对两种不带任何标志的可乐口味进行品尝。由于百事可乐口感稍甜、柔和，因此，百事可乐公司此番现场直播广告中的结果令百事可乐公司非常满意：80%以上的人回答是百事可乐口感优于可口可乐。这个名为“百事挑战”的直播广告令可口可乐一下子无力应付，市场上百事可乐的销量再一次激增。

2. 市场营销调研

为了着手应战并且得出为什么可口可乐发展不如百事可乐的原因，可口可乐公司推出了一项代号为“堪萨斯工程”的市场调研活动。

1982年，可口可乐广泛地深入到10个主要城市中，进行了大约2 000次访问。调研结果表明，顾客愿意尝新口味的可乐。这一结果使可口可乐公司的决策者们得出了一个错误的结论：长达99年的可口可乐配方已不再适合今天消费者的需要了。于是他们开始着手开发新口味可乐。可口可乐公司向世人展示了比老可乐口感更柔和、口味更甜、泡沫更少的新可口可乐样品。

在新可乐推向市场之初，可口可乐公司又不惜血本进行了口味测试。可口可乐公司斥资400万美元，在13个城市中，约19.1万被邀请者参加了对无标签的新、老可口可乐进行口味测试的活动。结果60%的消费者认为新可乐比原来的好，52%的人认为新可乐比百事可乐好。新可乐的受欢迎程度一下子打消了可口可乐领导者原有的顾虑。于是，新可乐推向市场只是个时间问题。

在推向生产线时，因为新的生产线必然要以不同瓶装的变化而进行调整，于是，可口可乐各地的瓶装商因为加大成本而拒绝新可乐。然而可口可乐公司为了争取市场，不惜又一次投入巨资帮助瓶装商们重新改装生产线。

在新可乐上市之初，可口可乐又造了一番广告声势。1985年4月23日，在纽约城的林肯中心举办了盛大的记者招待会，共有200多家报纸、杂志和电视记者出席，依靠传媒的巨大力量，可口可乐公司的这一举措引起了轰动效应，终于使可口可乐公司进入了变革“时代”。

3. 灾难性后果

起初，新可乐销路不错，有1.5亿人试用了新可乐。然而，新可口可乐配方并不是每个人都能接受的，而不被接受的原因往往并非因为口味原因，而这种“变化”受到了原可口可乐消费者的排挤。

开始，可口可乐公司已为可能性的抵制活动做好了应付准备，但不料顾客的愤怒情绪犹如火山爆发般难以驾驭。顾客之所以愤怒是认为99年秘不示人的可口可乐配方代表了一种传统的美国精神，而热爱传统配方的可口可乐就是美国精神的体现，放弃传统配方的可口可乐意味着一种背叛。在西雅图，一群忠诚于传统可乐的人组成“美国老可乐饮者”组织，准备发起全国范围内的“抵制新可乐运动”。在洛杉矶，有的顾客威胁说：“如果推出新可乐，将再也不买可口可乐。”即使是新可乐推广策划经理的父亲，也开始批评起这项活动。而当时，传统口味的可口可乐则由于像人们预期的那样，产量会减少，奇货可居，价格竟在不断上涨。每天，可口可乐公司都会收到来自愤怒的消费者的成袋信件和 1 500 多个电话。为数众多的批评，使可口可乐公司迫于压力不得不开通 83 部热线电话，雇请大批公关人员来温言安抚愤怒的顾客。

面临如此巨大的批评压力，公司决策者们不得不稍作动摇。在其后又一次推出的顾客意向调查中，30% 的人说喜欢新口味可口可乐，而 60% 的人明确拒绝新口味可口可乐。因此，可口可乐公司又恢复了传统配方的可口可乐的生产，同时也保留了新可口可乐的生产线和生产能力。

在不到 3 个月的时间内，即 1985 年 4 ~7 月，尽管公司曾花费了 400 万美元，之前进行了长达 2 年的调查，但最终还是彻底失败了！百事可乐公司美国业务部总裁罗杰·恩里科说："可口可乐公司推出'新可乐'是个灾难性的错误。"

请问：

1. 可口可乐公司为什么会作出错误的决策？
2. 可口可乐公司决策的错误给我们什么启示？

案例 3－2：日本对中国油田的信息搜集

在 20 世纪 60 年代初，日本一家咨询公司的市场信息研究人员从我国公开发行的《人民画报》的照片上发现北京的公共汽车上没有气包了，而这气包正是中国进口油的标志。这一微小的变化，使他们推断出中国一定是找到了很大的油田。但是这座油田在什么地方、规模有多大、对本公司是否有利可图等问题是该公司急于要得到的信息。

事隔不久，《人民日报》又登载了一张宣传铁人精神的画片。画面上是铁人王进喜，他肩扛着钻机零件，艰难而顽强地跋涉在纷纷的大雪之中；画面的背景除了皑皑的白雪之外，还有一个半掩着火车站的标牌，"萨尔图"三个字隐约可见；画面说明写道：铁人王进喜人拉肩扛也要把钻机运到井位。这幅极为普通的画片，为日本人探知我国油田开发情况提供了极为重要的信息。日本人从画面上那些飘飘扬扬的雪花断定，中国新近开发的油田一定是在千里冰封的东北高寒地区；从"萨尔图"这个一般地图上都没有标明的小火车站的名字分析出，油田就在这个小火车站的附近，或者是在离铁路线不远的地方，否则，怎么凭着这种带有原始劳动色彩的"人拉肩扛"就能把钻机运到井位呢？日本人翻阅了很多资料，还找到侵华战争时期关东军的残留人员，向他们询问"萨尔图"是个什么样的地方。通过调查研究，他们终于了解到"萨尔图"就在东北松嫩平原一片人烟稀少的沼泽地带。这些信息对日本这家公司实在是太重要了！他们估计到，中国当时开发这样大规模的油田还没有足够的力量，一定要进口有关这方面的技术和设备；为了减轻冬季外运原油的困难和解决运输量过大的问题，中国必定要采用就地冶炼原油的办法，建设炼油厂；在炼油的过程中，中国必定要搞综合利用。他们还设想到在上述气候和地理环境中开发油田需要什么样的技术和综合利用的设备，并且快马加鞭地设计了这套设备，等待中国来购买。

果不其然，几年后，中国以石油的综合开发利用向国际招标时，这家日本公司就以速度快、设计符合中国实际情况而夺标。许多国家为日本人这种神速的设计、开发能力发出赞叹，却不知是《人民画报》的几张图片帮了这家日本公司的忙，使他们几年前就着手研究开发中国石油开发生产市场的营销策略，从而在强手如林的竞争中获胜，一举夺标。

请问：

1. 日本企业是如何了解到中国开发大庆油田的？
2. 案例中日本人采用的是什么调研方法？该方法的优缺点如何？
3. 日本搜集分析信息的能力对我们开拓国际市场有何启发？

案例 3 – 3：本田的市场调研

日本本田汽车有限公司为了把摩托车打入美国市场，雇用了格雷广告公司进行市场调研，结果发现，美国人对摩托车没有好印象，认为摩托车出事概率高，骑摩托车的人往往都是流氓等反面形象。为了成功地打入市场，必须扭转人们的观念。

格雷广告公司开发了一系列以“您在本田会遇见最好的人”为口号的广告。一则广告中出现一队身穿制服前进的人，一个戴着美国式帽子的女郎驾着一辆本田摩托车在队伍的前面。其余的系列广告也描绘了年轻的“所有美国人”的榜样。其隐喻如果这些人对于驾驶摩托车表示“OK”，那么其余美国青年也会表示“OK”。

结果大获成功，数以百万计的美国青年人购了本田摩托车。本田和其摩托车牢固地确立了在美国的地盘，得到了美国摩托车市场的50%份额。

请问：

1. 本田是如何把其摩托车打入美国市场的？
2. 本田是如何扭转美国人对摩托车的负面看法的？

案例 3 – 4：乔比利微调口味击败麦当劳

菲律宾乔比利公司于 1975 年由一名菲籍华人开办，起初是一家冰激凌店，后做汉堡包生意。在十多年的经营中，由于乔比利公司经营有方，不断探索，使得这家公司生意越做越红火，而且击败了汉堡包鼻祖麦当劳的有力竞争。目前，这家公司占菲律宾快餐市场的42%，占汉堡包市场的59%，而麦当劳只占菲律宾快餐市场的17%，占汉堡包市场的24%。乔比利公司是如何击败麦克唐纳的呢？

1982 年麦克唐纳汉堡包打入菲律宾市场。面对竞争的威胁，乔比利公司经过深入的调查研究，认为要与历史悠久、声誉极佳的麦当劳竞争，就必须根据菲律宾人的消费特点，生产出符合当地人口味的快餐食品。经营方向一经确定，公司便全力以赴，改进生产工艺，如将肉馅饼在油炸之前，掺入整只鸡蛋和调味品，而不是像其他餐厅只是用牛肉。他们还请一些老顾客免费品尝，品尝者大都认为这种汉堡包正中自己的口味。针对菲律宾人的独特偏好，乔比利公司在研制特色食品的同时，又在广告上大做文章，制造一些印有可爱吉祥物的宣传品，像杯子、玩具、书包和小饰物等，全部折价卖给老顾客。于是乔比利公司顾客盈门。对于该公司独特的生产经营策略，就连其老对手麦克唐纳在菲律宾的代理人也深为佩服：“他们抓住了顾客的口味和爱好，这一点就连我们也是望尘莫及的。”

请问：

1. 乔比利公司是如何击败麦当劳的？
2. 该案例对我国快餐业的发展有何启示？

案例 3-5：天坛牌电线在香港市场上的崛起

北京电线厂（简称“北电”）生产的天坛牌电线，由于产品的质量优良，在国内市场享有一定声誉。但是在走向国际市场时却遭到挫折，北电的产品无论是结构、性能还是价格、成本等都无法与英国、日本、新加坡等国家的电线相比。原因何在？北电专门组织了调查组，到香港进行广泛深入的市场调查，分析香港市场畅销产品的特点，得出结论：北电的电线在香港市场滞销的原因，不是产品的质量低劣，而是从生产到销售，都缺乏以“顾客为中心”的观念。具体表现在北电产品以下几方面：电线表面过分光亮、塑料护套太“结实”、绝缘层与保护层粘连、提供服务差。根据上述调查，北电对自己的产品和营销策略进行了全面整改。改进后的天坛牌电线，深受香港顾客的欢迎。天坛牌电线很快地从小批量生产发展为大批量生产，源源不断地运销香港市场。

请问：

1. 天坛牌电线在香港市场上崛起的原因是什么？

2. 可供选择的市场调研方法有哪几种？案例中该厂采用的是哪一种？这种方法有何优缺点？

（九）实践活动

实践 3-1：市场调研

目的与要求

通过参与实践，进一步理解市场营销的作用、内容和程序，并适用正确的调研方法。

实践内容

请为一家网络公司（主营为网络宽带业务）设计一份调查问卷，并在一定范围内进行市场调研，根据调研结果撰写一份调研报告。

二、参考答案

（一）名词解释

1. 国际市场调研是运用科学的方法，有目的、有计划地搜集、整理和分析有关国际市场营销环境的各种情报、信息和资料，把握市场现状和发展趋势，为营销计划的制定和企业决策提供正确依据的信息管理活动。

2. 二手资料调研是指查寻并研究与调研项目有关资料的过程，这些资料是经他人搜集、整理和统计过的企业内外的现成信息，又称间接调查法。

3. 实地调研是指由调研人员亲自搜集第一手原始资料的过程，又称直接调查法。

（二）填空题

1. 信息

2. 信息管理 排头兵

3. 二手资料调研 实地调研

4. 内部资料来源 外部资料来源

5. 二手资料调研　实地调研

6. 书面调研报告

7. 简明扼要

8. 专题报告　全面报告

（三）单项选择题

1. D。理由：人类正在进入信息社会阶段，信息已经同企业的人、财、物一起组成了企业的四大资源。国际营销调研获得的大量信息是企业的重要资源，对企业制定营销战略、策略，开发新产品，调整销售渠道，选择促销方案，制定合理价格都是无形的财富，其价值往往无法估量。

2. D。理由：二手资料调研对比实地调研，其主要优点是目标更加明确、节省时间和调研成本，但存在资料可能过时、准确性难于把握的缺点。

3. B。理由：二手资料调研对比实地调研，其主要优点是目标更加明确、节省时间和调研成本，但存在资料可能过时、准确性难于把握的缺点。

4. C。理由：实地调研是指由调研人员亲自搜集第一手原始资料的过程，又称直接调查法。其主要优点是直接从市场获得第一手资料，可以及时准确地得到所需要的信息，信息的针对性强；其主要缺点是花费大量人力物力、成本高，项目周期长，企业往往无力对宏观层面的信息进行调查。

5. A。理由：实地调研是指由调研人员亲自搜集第一手原始资料的过程，又称直接调查法。其主要优点是直接从市场获得第一手资料，可以及时准确地得到所需要的信息，信息的针对性强；其主要缺点是花费大量人力物力、成本高，项目周期长，企业往往无力对宏观层面的信息进行调查。

（四）多项选择题

1. ABCD。理由：在应用实地调研方法和技术时，由于各国在经济、文化、社会政治诸方面存在着差异，因此要注意以下几个问题：①样本问题。实地调查绝大多数是抽样调查，而一项抽样调查要取得成功，样本的容量和代表性至为关键。②语言问题。在使用询问方式进行调查时，最重要的问题就是语言的翻译。由于翻译不当引起误解，导致调查失败的例子是很多的。③通讯问题。邮电系统的效率、电话和网络普及率等。④文化差异问题。在许多发展中国家，由于文化的差异，被访者或者拒绝访问和回答问题，或者故意提供不真实的信息，采用这一方法就很困难。

2. ABCDE。理由：信息处理过程主要包括分类、核对、换算、调整、编校等步骤。

3. ABCDE。理由：对调研结果进行统计、分析和预测后所获得的信息，要符合准确性、及时性、针对性、系统性、规划性及预见性的要求。

4. ABCD。理由：人类正在进入信息社会阶段，信息已经同企业的人、财、物一起组成了企业的四大资源。国际营销调研获得的大量信息是企业的重要资源，对企业制定营销战略、策略，开发新产品，调整销售渠道，选择促销方案，制定合理价格都是无形的财富，其价值往往无法估量。

5. ABCDE。理由：二手资料调研应注意资料的：①可获性；②时效性；③可比性；

④相关性；⑤精确性。

6. ABC。理由：二手资料调研对比实地调研，其主要优点是目标更加明确、节省时间和调研成本，但存在资料可能过时、准确性难于把握的缺点。

7. AB。理由：二手资料调研对比实地调研，其主要优点是目标更加明确、节省时间和调研成本，但存在资料可能过时、准确性难于把握的缺点。

8. CD。理由：实地调研是指由调研人员亲自搜集第一手原始资料的过程，又称直接调查法。其主要优点是直接从市场获得第一手资料，可以及时准确地得到所需要的信息，信息的针对性强；其主要缺点是花费大量人力物力、成本高，项目周期长，企业往往无力对宏观层面的信息进行调查。

9. AB。理由：实地调研是指由调研人员亲自搜集第一手原始资料的过程，又称直接调查法。其主要优点是直接从市场获得第一手资料，可以及时准确地得到所需要的信息，信息的针对性强；其主要缺点是花费大量人力物力、成本高，项目周期长，企业往往无力对宏观层面的信息进行调查。

（五）判断题

1. 正确。理由：确定问题及调研目标对整个营销调研乃至营销决策都是至关重要的。例如，美国的一个调研机构在20世纪60年代的一项市场调研发现，法国和德国的消费者明显地比意大利消费者爱吃细面条。然而事实证明这一发现是错误的。因为这项研究只分析了有包装、有商标的细面条，而没有包括所有细面条的消费，而大部分在意大利销售的细面条是没有牌名，也没有包装的。所以，对调研人员来说，如果不能明确问题之所在，就会使后面各步骤的调研工作误入歧途，并可能导致错误的营销决策（如更换代理商），给企业带来更严重的损失。正因如此，调研工作务必要先“做正确的事”，然后才是“正确地做事”。

2. 错误。理由：在确定了营销中存在的问题之后，营销管理人员和调研人员应共同确定调研目标。也就是说，给调研限定一个具体要达到的目标。为此，应注意不可将调研问题定得过于庞大和笼统，以免造成不必要的信息搜集与成本的增加；同时，又不能将调研问题范围定得过于狭小，以免不能较真实全面地反映问题的实质。

3. 错误。理由：二手资料调研具有目标更加明确、节省时间和调研成本的优点，而实地调研法不具有此优点。

4. 错误。理由：调研报告应尽可能地简明扼要，根据调研结果说明所发现的问题与企业营销决策之间的关系就可以了。

5. 正确。理由：只有在很少的情况下，一些由别人公布的第二手资料会全面、精确地论述市场调研人员所要调查的主题，但多数情况并不如此。特别是得不到直接切题的第二手资料时，市场营销调研人员可能只得利用代用资料，因此要适当地对这些代用资料作一些修改或补充。要提高资料的精确度，市场营销调研人员还应当深入研究制作这类第二手资料时所用的方法，推敲一下它们是否经得起科学的考验。

6. 正确。理由：实地调研的主要优点是直接从市场获得第一手资料，可以及时准确地得到所需要的信息，信息的针对性强。

7. 正确。理由：国际竞争是一场信息的竞争，谁掌握了信息，谁就赢得了市场。

（六）简答题

1. 答：二手资料调研是指查寻并研究与调研项目有关资料的过程，这些资料是经他人搜集、整理和统计过的企业内外的现成信息，又称间接调查法。对比实地调研法，其主要优点是目标更加明确、节省时间和调研成本，但存在资料可能过时、准确性难于把握的缺点。

2. 答：二手资料调研应注意：①可获性；②时效性；③可比性；④相关性；⑤精确性。

调研人员在使用这些资料时，应考虑以下几点：①统计资料具体的范围是什么，即包括了哪些产品的数据资料？②资料最初由谁搜集？目的何在？是否存在着歪曲数据的动机？③资料从何处搜集而来？提供资料者是否有理由歪曲数据？④资料是怎样搜集的？搜集的方法是否可靠？⑤该数据是否与其他地方或国际资料相符？如有严重不符，是否能对不符的原因作出圆满解释？⑥其他。

3. 答：实地调研是指由调研人员亲自搜集第一手原始资料的过程，又称直接调查法。其主要优点是直接从市场获得第一手资料，可以及时准确地得到所需要的信息，信息的针对性强；其主要缺点是花费大量人力物力、成本高，项目周期长，企业往往无力对于宏观层面的信息进行调查。

4. 答：从调研人员与调查对象之间的关系看，可以把实地调研方法分为询问法、观察法、试验法；而在询问法中，又可以依据调查媒介的不同，分为面谈询问、书面询问、电话询问和网络询问。

5. 答：在应用实地调研方法和技术时，由于各国在经济、文化、社会政治诸方面存在着差异，应注意以下几个问题：

（1）样本问题。实地调查绝大多数是抽样调查，而一项抽样调查要取得成功，样本的容量和代表性至为关键。

（2）语言问题。在使用询问方式进行调查时，最重要的问题就是语言的翻译。由于翻译不当引起误解，导致调查失败的例子是很多的。

（3）通讯问题。邮电系统的效率、电话和网络普及率等。

（4）文化差异问题。在许多发展中国家，由于文化的差异，被访者或者拒绝访问和回答问题，或者故意提供不真实的信息，采用这一方法就很困难。

要解决上述问题，就应注重交叉文化的研究，克服因文化差异带来的调研困难；应尽可能借助于精通两国语言和两国文化、系统地接受过营销学和营销调研方面训练的当地人，帮助企业搞好在当地的营销调研，减少因文化差异带来的实地调研误差或困扰；应分析在目标国使用哪种调研方法比较合适。

6. 答：没有经过处理的资料是杂乱无章的，况且，从不同来源得到的资料是按照不同的统计方法计算的，其时效性和准确性也可能不同，有些甚至是彼此矛盾的，因此在搜集整理资料的工作完成以后，必须对搜集到的资料进行处理与分析，使其具有可比性、时效性和准确性，并作为决策的依据。

（七）论述题

1. ［答案要点］一般来说，国际营销调研的内容可以概括为以下方面：①市场机会调研；②市场环境调研；③市场需求调研；④市场供给调研；⑤市场行情调研；⑥市场销售调研。

在每次的营销调研活动中，一般都会在以上内容中有所侧重，调研人员应根据企业需要选择合适的调研方法和手段，快速、全面、准确地获取所需要的信息。

2. ［答案要点］①询问法。利用调查人员和调查对象之间的直接交流沟通来获取信息。②观察法。调查人员通过直接观察和记录调查对象的言行来搜集信息。③试验法。将调查问题置于相关条件下进行小规模试验后对实验结果进行记录分析来获取信息。

（八）案例分析

［答案要点］

案例3－1

1.（1）面对竞争对手的进攻和自己市场份额的下降，头脑不冷静。

（2）调研存在片面性，只是从口味上找原因，忽视了其他方面的原因。

（3）决策时忽视了不同消费者的不同需求，忽视了可口可乐品牌自身内在的文化价值等因素。

2. 制定企业的营销策略，必须充分考虑企业内外部的条件，而且要更多地考虑企业外部条件。对企业外部条件的了解和掌握必须依赖市场调研获得的市场信息资料和对这些信息资料的分析，以及对市场未来的预测。

案例3－2

1. 对公布的信息资料进行加工分析获得。

2. 案例中日本人采用的是二手资料调研法。对比实地调研法，其主要优点是目标更加明确、节省时间和调研成本，但存在资料可能过时、准确性难于把握的缺点。

3. 善于搜集、分析和利用信息，就可以创造财富，可以说“信息就是金钱”。在激烈的市场竞争中，要想在竞争中领先一步，就必须有灵敏的信息触觉。在当今的信息时代，每时每刻都有大量的信息涌现。因此，要善于搜集与企业生产经营有关的信息，并应具备良好的信息分析能力，充分利用先进的信息搜集和处理手段。

案例3－3

1. 搞好市场调研，了解消费者的观念；针对影响销售的因素开展市场营销活动。

2. 有针对性地设计广告，进行广告宣传。

案例3－4

1. 针对消费者特点改进产品，制作广告。

2. 研究市场，大胆创新，比竞争者更好地满足顾客。

案例 3 – 5

1. 开展市场调研，找出存在问题，认真进行整改。

2. 可供选择的市场调研方法有两种：二手资料调研和实地调研。案例中该厂采用的是实地调研，其主要优点是直接从市场获得第一手资料，可以及时准确地得到所需要的信息，信息的针对性强；其主要缺点是花费大量人力物力、成本高，项目周期长，企业往往无力对宏观层面的信息进行调查。

（九）实践活动

［要点提示］

实践 3 – 1

根据实践内容，主要是：

（1）明确营销调研问题和调研目标。调研是为了解决企业在市场营销工作中遇到的具体营销问题，但营销问题并不等于调研问题。因此企业在进行调研时需要准确地确定调研问题。在多数情况下，调研问题需要借助于探索性调研来界定，以确定调研目标，将大的、模糊的营销问题转化为相对较小的、清楚的调研目标，明确了调研目标，调查问卷的设置就容易了。

（2）制定调研计划。明确了调研目标和问题后，需要制定一个收集所需信息的最有效的调研计划。在设计调研计划时，需要综合考虑资料来源、调研方法、调研工具、抽样计划和接触方法等方面。

（3）收集信息，即调研执行阶段。由受过专业培训的调查员与受访对象接触，按照规范的程序获取信息。

（4）分析信息，即数据分析阶段。调研数据处理人员会借助一定的数据分析工具和方法对所搜集的信息进行处理和分析，形成数据报告。

（5）撰写分析报告。由调研分析人员根据数据报告及探索性调研的信息撰写分析报告，提交给市场营销人员。

第四章
购买者行为分析

一、练习题

（一）名词解释

1. 消费者	2. 消费者行为	3. 需要
4. 群体	5. 参考群体	6. 成员群体
7. 非成员群体	8. 向往群体	9. 厌恶群体
10. 社会阶层	11. 个性	12. 学习
13. 信念	14. 便利品	15. 选购品
16. 奢侈品	17. 耐用品	18. 消耗品
19. 组织市场	20. 生产者市场	21. 中间商市场
22. 非营利团体市场	23. 半成品	24. 让渡价值
25. 公开招标采购	26. 协议合同采购	

（二）填空题

1. 按照购买主体的性质与购买的目的来划分，通常可以将市场分为________和________。

2. 组织市场可细分为生产者市场、__________、__________等基本类型。

3. ________市场是一切市场的基础，是最终起决定作用的市场。

4. 人的行为是由________支配的，而动机是由________引起的。

5. 参考群体可分为________群体和________群体两种基本类型。

6. 成员群体可分为________群体和________群体两种类型。

7. 非成员群体可分为________群体和________群体两种。

8. 营销人员必须识别目标顾客的参考群体，特别是参考群体中的“__________”。

9. 戴维斯（H. Davis）等人的研究识别了家庭购买决策的 4 种方式，即妻子主导型、丈夫主导型、________、________。

10. 消费者的购买行为受到四种主要心理因素的影响，即________、________、学习以及信念和态度。

11. 在营销工作中，要特别注意人的知觉容易存在选择性知觉、________效应、近因效应、________效应及定型效应的偏差。

12. 按消费者的购买习惯为标准，消费品一般可分为三类，即________、________、奢侈品。

13. 按商品的耐用程度和使用频率，消费品可分为________和________。

14. 心理性动机一般可分为________动机、________动机、偏爱动机三种。

15. 生产者购买的产品一般可分为________、主要设备、附属设备、零配件、________和消耗品。

16. 生产者购买的类型可分为三种：________、________和新购。

17. 影响组织市场购买行为的各种因素可概括为四个主要因素：________、________、人际因素和个人因素。

18. 通常情况下，在风险相对较小的直接重购型或修正重购型购买中，倾向于由________作出决策；在风险相对较大的修正重购型或新购型购买中，一般由________作出购买决策。

19. 购买动机可分为________动机和________动机两大类。

20. 消费者评价和选择商品一般会以产品的________作为衡量标准，消费者都期望获得尽可能大的让渡价值。

21. 让渡价值是________（产品价值、服务价值、人员价值及形象价值之和）与________（货币成本、时间成本、体力成本及精神成本之和）之差。

（三）单项选择题

1. 具有共同目标或兴趣的两个或两个以上的人联结而成的人群被称为（　　）。

A. 群体　　B. 参考群体

C. 向往群体　　D. 厌恶群体

2. 那些直接（面对面）或间接影响于人的看法和行为的群体被称为（　　）。

A. 群体　　B. 参考群体

C. 成员群体　　D. 非成员群体

3. 对一个人有着直接影响的参考群体被称为（　　）。

A. 群体　　B. 参考群体

C. 成员群体　　D. 非成员群体

4. 一个人推崇效仿的、期望成为其中一员或与之交往并受其影响的群体被称为（　　）。

A. 群体　　B. 参考群体

C. 向往群体　　D. 厌恶群体

5. 一个人经常表现出来的、比较稳定又带有一定倾向性的各种心理特征被称为（　　）。

A. 兴趣爱好　　B. 能力

C. 气质　　D. 个性

6. 人们确信的对某种事物的看法和评价被称为（　　）。

A. 信念　　B. 学习

C. 气质　　D. 个性

7. 消费者日常生活所需、需重复购买的商品被称为（　　）。

A. 便利品　　B. 选购品

C. 奢侈品　　D. 耐用品

8. 价格比较贵、消费者购买时愿意花较多时间进行比较之后才决定购买的商品被称为（　　）。

A. 便利品　　B. 选购品

C. 奢侈品　　D. 耐用品

9. 能多次使用、寿命较长的商品被称为（　　）。

A. 便利品　　B. 选购品

C. 消耗品　　D. 耐用品

10. 消费者对其有特殊偏好并愿意花较多时间去购买的商品被称为（　　）。

A. 便利品　　B. 奢侈品

C. 消耗品　　D. 耐用品

11. 以某种组织为购买单位的购买者所构成的法人市场被称为（　　）。

A. 组织市场　　B. 生产者市场

C. 中间商市场　　D. 非营利团体市场

12. 由购买产品或服务用于制造其他产品或服务，然后再销售或租赁给他人以获取利润的单位和个人组成的市场被称为（　　）。

A. 组织市场　　B. 生产者市场

C. 中间商市场　　D. 非营利团体市场

13. 购买产品用于转售或租赁以获取利润的单位和个人，这种市场被称为（　　）。

A. 组织市场　　B. 生产者市场

C. 中间商市场　　D. 非营利团体市场

14. 较典型的代表形式是政府市场的市场是（　　）。

A. 组织市场　　B. 生产者市场

C. 中间商市场　　D. 非营利团体市场

15. 经过初步加工、以供生产者生产新产品的产品被称为（　　）。

A. 成品　　B. 半成品

C. 原材料　　D. 机器设备

16. 下列哪个因素对组织购买行为基本不产生影响（　　）。

A. 环境因素　　B. 组织因素

C. 个人因素　　D. 生产因素

17. 下面关于戴维斯（H. Davis）等人识别的家庭购买决策方式的叙述错误的是（　　）。

A. 妻子主导型　　B. 丈夫主导型

C. 子女主导型　　D. 联合型

18. 下面对消费者信息来源渠道的叙述错误的是（　　）。

A. 个人来源，包括家庭、朋友、同事、熟人等

B. 商业来源，包括广告、推销员、经销商、产品包装、展览等

C. 公共来源，包括大众传播媒体的相关报道

D. 以上说法都不正确

19. 下面对非营利团体市场购买特点的叙述错误的是（　　）。

A. 目标多元化　　B. 限定总额

C. 注重质量　　D. 不限定总额

（四）多项选择题

1. 通常情况下影响组织市场购买行为的主要因素有（　　）。

A. 环境因素　　B. 组织因素

C. 人际因素　　D. 个人因素

E. 非个人因素

2. 消费者市场具有如下特点（　　）。

A. 发展性　　B. 多层次性

C. 可诱导性　　D. 复杂多变性

E. 替代性

3. 西方学者根据购买者在购买过程中参与者的介入程度和品牌间的差异程度将消费者的购买行为分为四种类型，分别是（　　）。

A. 复杂的购买行为　　B. 减少失调感的购买行为

C. 广泛选择的购买行为　　D. 习惯性的购买行为

E. 幸福的购买行为

4. 人们在一项购买决策过程中可能充当如下角色（　　）。

A. 发起者　　B. 影响者

C. 决策者　　D. 购买者

E. 使用者

5. 戴维斯（H. Davis）等人识别的家庭购买决策的四种方式，分别是（　　）。

A. 妻子主导型　　B. 丈夫主导型

C. 子女主导型　　D. 联合型

E. 自主型

6. 下面对消费者信息来源渠道的叙述正确的是（　　）。

A. 个人来源，包括家庭、朋友、同事、熟人等

B. 商业来源，包括广告、推销员、经销商、产品包装、展览等

C. 公共来源，包括大众传播媒体的相关报道

D. 经验来源，包括处理、检查和使用产品的经验等

E. 以上说法都正确

7. 下面对组织市场特点的叙述正确的是（　　）。

A. 购买者的数量较少，购买者的规模较大

B. 购买者地理位置较分散

C. 派生需求

D. 需求弹性大
E. 需求波动大
8. 下面对生产者市场特点的叙述正确的是（ ）。
A. 非最终消费产品　　B. 技术性强
C. 批量采购　　D. 最终消费产品
E. 技术性不强
9. 下面对中间商市场特点的叙述正确的是（ ）。
A. 空间分布状态居中，较生产者市场分散，较消费者市场集中
B. 中间商的购买批量存在着很大的差别
C. 是派生的需求，但对需求变化的反应一般较生产者快
D. 较生产者市场对价格的敏感性强，通常需要供货企业给予支持和协助
E. 具有经常变换货源供应商的倾向，供应商之间的竞争通常非常激烈
10. 非营利团体市场的购买具有如下特点（ ）。
A. 目标多元化　　B. 限定总额
C. 注重质量　　D. 决策复杂
E. 不限定总额

（五）判断题

1. 一个人同时可能存在多种需要，而每一种需要都会产生购买动机。（ ）
2. 产品在被购买之后，营销人员的工作就已经结束。（ ）
3. 生产者市场是一切市场的基础，是最终起决定作用的市场。（ ）
4. 人的行为是由动机支配的，而动机是由需要引起的。（ ）
5. 营销员必须识别目标顾客的参考群体，特别是参考群体的“意见带头人”。（ ）
6. 在营销工作中，要特别注意人的知觉容易存在选择性知觉、近因效应、定型效应等的偏差。（ ）
7. 信念是人们确信的对某种事物的看法和评价，它对人们的行为具有总体导向和很强的驱动与支持作用。（ ）
8. 消费者评价和选择商品一般会以产品的让渡价值作为衡量标准，消费者都期望获得尽可能大的让渡价值。（ ）
9. 减少失调感的购买行为一般发生在消费者高度介入某项产品的购买，但又看不出各厂牌有何差异时。（ ）
10. 组织市场购买者的数量较少，购买的规模较大。（ ）
11. 生产者市场上销售的产品属非最终消费产品。（ ）
12. 中间商市场的空间分布状态较生产者市场分散，较消费者市场集中。（ ）
13. 中间商市场较生产者市场对价格的敏感性强。（ ）
14. 非营利团体市场追求多种目标的整体优化，在考虑经济效益时突出考虑政治和社会效益。（ ）
15. 非营利团体的采购经费往往有严格的预算限制，不能随意突破。（ ）
16. 在组织市场上，执行者和联络者没有决策权，可以不予理睬。（ ）

（六）简答题

1. 消费者市场具有什么特点？

2. 戴维斯（H. Davis）等人识别了家庭购买决策的哪四种方式？

3. 人们在一项购买决策过程中可能充当什么角色？

4. 西方学者根据购买者在购买过程中参与者的介入程度和品牌间的差异程度将消费者的购买行为分为哪四种类型？

5. 简述消费者的购买决策过程。

6. 组织市场具有什么特点？

7. 生产者市场具有什么特点？

8. 中间商市场具有什么特点？

9. 中间商进行产品决策时有哪些策略可供选择？

10. 中间商市场的购买行为有哪些类型？

11. 按照不同的职能，非营利团体市场可分为哪些种类？

12. 非营利团体市场的购买具有什么特点？

13. 非营利团体市场的购买具有哪些类型？

14. 组织市场购买决策有哪些参与者？

15. 简述组织市场购买决策过程。

（七）论述题

1. 试述影响消费者购买行为的主要心理因素。

2. 试述马斯洛的需要层次论。

（八）案例分析

案例 4－1：全聚德老店出新招

北京前门全聚德烤鸭店是中国北京全聚德烤鸭集团的起源店，创建于 1864 年，以经营传统的挂炉烤鸭闻名海内外，是京城著名的老字号。1993 年，全聚德成立股份公司，前门店进入股份公司，当年的营业收入是 4 000 万元，至 2001 年 12 月 16 日，前门店的年营业收入已达 9 000 万元，企业用了 8 年时间，在硬件没有太多变化的情况下，营业收入翻了一番。对于新兴产业来说这算不了什么，但是对于一个受诸多限制的国有制餐饮企业来说，这是一个巨大的进步。

8 年来，全聚德前门店靠专业技术、科学管理、产品创新和特色营销等方面，在 2 600m^2 的餐厅内创造了接近顶峰的辉煌成绩。

1. 提供周到服务，提高顾客满意度

（1）“主动型服务”。促使顾客在餐厅消费时提高消费额。该店经理沈放认为，“主动型服务”并不是要求服务员一味地向顾客推销高价位的菜品，而是根据顾客的特点进行有礼貌的、适当的推销，其中服务员揣摩消费者心理非常重要，不能不顾顾客的实际情况进行硬性推销。“主动型服务”实施以后，大大提高了餐厅的销售额，服务员的服务由被动到主动，练就了判断顾客消费水准和揣摩顾客心理的能力。

（2）针对性服务。对不同类型的顾客采取不同类型的服务。对于多血质——活泼型顾客，服务员应主动同他们交谈，要多向他们提供新菜信息，但要让他们进行主动选择，遇到他们要求退菜应尽量满足他们的要求；对于黏液质——安静型顾客，服务员应尽量安排他们坐在较为僻静的地方，尽量向他们提供一些熟悉的菜肴，顺其心愿，不要过多催促，不要同他们进行过多交谈，或表现过多热情；对于胆汁质——兴奋型顾客，应尽量推荐新菜，主动进行现场推销，上菜或结账应尽量迅速，就餐后提醒他们不要遗忘所带物品，但不要与他们争执；对于抑郁质——敏感型顾客，应尽量安排僻静处，服务要热情周到，语言要清楚明了，与他们谈话要恰到好处。

2. 开展文化营销，唤起顾客回忆

（1）传统的制作工艺不变，古老、正宗、原汁原味的特色不变。目前全聚德前门店的烤鸭技术还是承袭百年前的模式，使用传统烤鸭炉并用果木烤制，烤鸭师傅手持烤杆，在热气扑面的明火前操作。如果将传统制作工艺这种文化特色删去，虽然“最终产品”并未有太多变化，却会丧失全聚德产品的内涵。

（2）恢复历史，再现民俗。对于餐饮行业，特别是中、高档的餐厅来说，如今消费者的需求已从以前单纯追求产品本身转向全方位追求了，就如同美国营销专家韦勒所说：“不要卖牛排，要卖烤牛排时的嗞嗞响。”在全方位需求中，文化是附加值最高的部分。老店充分利用了京城的皇城文化和民俗文化对全聚德文化进行了深入挖掘，并成功地运用具体的形式加以表现，取得了良好的社会效益和经济效益。

3. 开展小品化营销，打造良好口碑

老店经理沈放比喻老店的营销就像小品表演。他说：“餐饮行业提供产品的过程和载体感觉就像在表演小品，小品要求在短时间内调集所有的戏剧要素，能让观众明白要表达的意义，并达到最好的效果。有很多顾客（外地或外国顾客）一生只能来一次全聚德，要让这些顾客在这一次中感受全聚德特色，领略全聚德的魅力，就要在短时间内调动全部全聚德店的感知信息，包括建筑风格、用餐环境、餐茶酒具和菜品服务，让顾客在短时间增强对全聚德的了解和印象，产生良好的口碑效应。”沈放将小品化营销总结成“一生只一次，一次记一生”的口号，让全体员工充分理解。

4. 适应市场需求，进行大胆创新

（1）博采众家之长。厨师长带领厨师队伍主动走向市场，搞市场调研，研究菜品创新，曾先后到川、鲁、粤等菜系的发源地学习观摩，开发出了不少既富于全聚德传统特色又融入现代烹调技艺的创新菜品。

（2）符合西方人的口味。在全聚德前门店常有大量的欧洲团队客人，他们不喜欢吃大葱及动物内脏，而这两样正是吃正宗烤鸭必不可少的，为了适应这些客人的口味，他们创新了老店烧鸭这道菜，弥补了传统全鸭席多以鸭内脏为原料的局限性，丰富了全鸭席的种类，成为全聚德新的名菜，销售额也很可观。全聚德前门店的菜品中西结合，创造出不少外国人喜欢的菜肴。

请问：

1. 全聚德成功的秘诀何在？
2. 全聚德的成功对我们有什么启发？

案例 4 – 2：超市消费者购买行为分析

近年来，消费者的购买行为发生了显著的变化，主要表现为消费者的计划购买比率不断减少而非计划购买比率急速上升，消费者购买行为的这种变化对生产商和零售商的卖场营销战略产生了重大的影响。

所谓计划购买是指消费者在店内所购买的商品是来店之前所预定购买的商品，我们把这种事先进行的购买决策称之为计划购买。而非计划购买是指消费者在店内所购买的商品是来店之前根本没有预定或意识到的商品，我们把这种在店内进行的购买决策称之为非计划购买或冲动购买。

现在，消费者计划购买的商品在购买总量中所占有的比例越来越小，而在店内进行决策的非计划购买的比例急速上升。据美国著名调查机构的分析显示，美国消费者在超市平均周购买次数为 1.2 次的情况下，在店内进行决策的非计划购买比率在 1986 年平均为 66.1%，在连锁药店的非计划购买比率为 57.4%。据日本关西学院大学青木幸弘教授的研究调查表明，在日本消费者在超市平均周购买次数为 3.3 次的情况下，日本消费者在超市中的计划购买率仅为 11%，而在店内决策的非计划购买率却达到 89%。

在店内决定的部分中，有 10.8% 的商品只是事先决定了所购买的商品种类，而没有确定所购买的特定品牌；有 2.1% 的商品品牌是预先决定好的，但是在店内又临时变更为其他品牌。另外，多达 76.1%，即占总购买量 3/4 的商品全部是在店内决定的。消费者在店内经常受到商品的价格、形状、颜色、香味甚至同伴的劝诱而在无意识中产生冲动购买，在以上调查中这个比率达到 42.1%。由于消费者的这种购买行为特点，它为超市企业的卖场营销提供了充分的空间和可能。

请问：

1. 通过阅读案例，你会得出什么结论？
2. 什么是计划购买，什么是非计划购买？目前两者在消费者购买总量中所占有的比例正在发生怎样的变化？

案例 4 – 3：试销之谜

某企业计划生产一种可作为凉拌菜佐料的沙拉油，以满足所有消费者对凉菜味道的要求。尽管试销效果很好，但重复购买率低，并未实现预期收益。调查显示，重复购买率低的原因主要是心理上的，家庭主妇们并不想放弃显示自己高超配制调料的机会（向丈夫、客人等），只有在没有时间的时候才使用那种现成调料。

请问：

1. 该案例说明了什么问题？
2. 假如你是这家公司的总经理，你将如何处理这一问题？

案例 4 – 4：广州女人的消费观

广州女人讲究实惠，崇尚及时享乐，也很懂得享受，举凡有什么衣食住行的新鲜玩意，她们奔走相约，第一时间去玩乐，大手笔地花钱，有多少花多少，而不考虑储蓄起来未雨绸缪以备不时之需，所以，广州女人的银行存折里通常空空如也。

广州女人，最能体现广州人的精明。她们精打细算，不会将钱花在打扮上。所以广州女人务实、贤惠。走在西关街道上，你随处可见广州女人勤劳的身影，在大小商铺里，她们往往是掌事人，雷厉风行，指挥若定，男人也只是她们的配角。广州女人在家庭里任劳任怨，大小事务一揽在身。

广州女人，温柔体贴。她们一般甘为内助，男人在外拼搏，她们则留守家中奉养老人、抚养孩子，为男人分忧。

广州女人，正有如广州市花红棉花那样，春暖花开之际，鲜艳美丽；寒风凛冽中，傲然挺立，不屈不挠地存活下来。

请问：

1．向广州女人推销时装是否可行？为什么？

2．向广州女人推销什么产品比较好？

案例4－5：MP3产品消费者分析

1．性别分布。中国互联网络信息中心调查显示，男女比例为：男性占60.1%，女性占39.9%，说明浏览IT专业网站的用户，男性要远远多于女性。

2．年龄分布。目标消费群年龄集中在18～28岁之间，其中22～28岁占到总数的45%，18～22岁占到30%，其他年龄层只占约25%。这说明MP3用户或者是有打算购买MP3的消费者一般具有一定的消费能力，并且以年轻人为主。

3．行业分布。学生比例占了29%，与互联网息息相关的IT从业人员占18%，专业技术人员占16%。这三类行业占所有行业的63%。总的来说，这三类人对于更新换代比较快的IT产品接受得较快。

4．学历分布。学历主要集中在大专和本科，占80%；具有硕士或以上学历的有6%，高中和职高的只占13%，初中以下学历的不到1%。

请问：

1．MP3的目标市场应如何定位？

2．MP3的设计应具有什么特点？

案例4－6：日本人的市场开拓术

日本日绵公司主要经营陶瓷器生意，在日本，他们经营的高级陶瓷器非常畅销。但在开拓美国市场时却遇到了挫折。日绵公司经过仔细的调查研究发现，过去专门销售陶瓷器的百货公司效率很低，运转速度慢，产品销量不大。于是，他们改用超级市场来销售，把陶瓷器摆到了纽约的各家超级市场里，占据了橱窗的醒目位置，销量也因而显著上升。

为了进一步扩大销量，该公司对美国大众习惯心理和消费行为进行了认真的分析，制定了一套完整的销售计划：立足超级市场，化整为零，聚件成套。其具体做法是：

第一步，在超级市场推出四个一组的陶瓷咖啡杯，同时赠送购买者四个咖啡碟子。

第二步，当咖啡杯卖出相当数量的时候，以较高的价格开始出售糖罐，因为喝咖啡要加糖，所以买了咖啡杯，就要买糖罐。

第三步，当糖罐卖出相当数量的时候，再以更高的价格开始出售陶瓷调羹、托盘和碟子。

前后推出的这几种产品在花样、色泽、质地等方面完全一致，风格完全一样，购置全了可配成一套喝咖啡的精美用具。该计划使日绵公司大获成功，获得了丰厚的利润。

美国是个咖啡消费大国，推出咖啡陶瓷用具是选对了市场；美国人对日常用具很讲究配套和特色，该公司运用独到的销售法，先以低价和馈赠吸引美国顾客的购买，再以高价出售配套的糖罐、调羹等，利用美国人对日用品讲究配套的心理特点，分阶段地实施销售计划，使美国人欲罢不能，最终达到了扩大瓷器销售量的目的。

请问：

1. 日本日绵公司是如何开拓美国市场的？
2. 日本日绵公司利用了美国人的什么消费心理？
3. 日本日绵公司销售的成功，我们从中可以得到什么启示？

（九）实践活动

目的与要求

1. 通过问卷调查研究不同消费者对手机的购买行为。
2. 调查地点分学校和居民小区两个类型，样本容量各在50人/次以上。

实践内容

在校学生与居民手机消费调查

1. 您的年龄

25岁以下 □　25～40岁 □　40～50岁 □　55岁以上 □

2. 您的收入

1 000元以下 □　1 000～2 000元 □

2 000～4 000元 □　4 000元以上 □

3. 手机的购买时间

目前暂不购买 □

在最近半年已购买但暂不准备更换 □

已购但在未来三个月准备更换 □

在未来三个月准备购买一部 □

4. 购买手机的主要用途

方便与家人沟通 □　工作需要 □

追求时髦 □　其他 □

5. 买手机的次数

首次购买 □　二次购买 □

三次购买 □　三次以上购买 □

6. 购买决策时间有多长

三天内 □　一周内 □

一个月内 □　一个月以上 □

7. 您认为最理想的手机价格

1 000元以下 □　1 000～2 000元 □　2 000～3 000元 □

3 000～5 000元 □　5 000元以上 □

8．您想购买的手机类型

黑白屏 □　　七彩屏 □　　彩屏 □

9．影响你决定购买手机最主要的因素

价格 □　　外观 □　　功能 □

质量 □　　售后服务 □　　多种因素 □

10．您最喜爱的品牌

诺基亚 □　　摩托罗拉 □　　西门子 □

松下 □　　科健 □　　波导 □

三星 □　　海尔 □　　爱立信 □

TCL □　　康佳 □　　其他 ______

11．您想从哪里购买

手机零售商 □　　品牌专卖店 □　　电信营业点 □

二手手机市场 □　　其他 □

要求

根据调查结果，分析不同消费者对手机购买行为的差异并撰写一份分析报告。

二、参考答案

（一）名词解释

1．消费者有狭义和广义之分，狭义的消费者是指购买、使用各种消费品或服务的个人与家庭；广义的消费者是指购买、使用各种产品与服务的个人或组织。

2．消费者行为是指消费者为获取、使用、处置消费物品或服务所采取的各种行动，包括先于且决定这些行动的决策过程。

3．需要是指客观刺激通过人体感官作用于人脑所引起的某种缺乏状态。

4．群体是指具有共同目标或兴趣的两个或两个以上的人联结而成的人群。

5．参考群体是指那些直接（面对面）或间接影响于人的看法和行为的群体，它可分为成员群体和非成员群体两种基本类型。

6．成员群体是指对一个人有着直接影响的参考群体，它又分为主要群体和次要群体两种类型。

7．非成员群体是指一个人不是其中的成员，仅受其间接影响的群体。非成员群体又分为向往群体和厌恶群体两种。

8．向往群体是指一个人推崇效仿的、期望成为其中一员或与之交往并受其影响的群体。

9．厌恶群体是指一个人讨厌或反对的一群人。

10．社会阶层是指在一个社会中具有相对的同质性和持久性的群体，它们是按等级排列的，每一阶层成员具有类似的价值观、兴趣爱好和行为方式。

11．个性是指一个人经常表现出来的、比较稳定又带有一定倾向性的各种心理特征（如兴趣、爱好、能力、气质、性格等）的总和。它所表现的是个人的独特风格和基本精神面貌，如自信或自卑、冒险或谨慎、倔强或顺从等。

12. 学习有许多含义，在营销学上是指人在生活过程中因经验而产生的行为或行为潜能的比较持久的变化。

13. 信念是指人们确信的对某种事物的看法和评价。

14. 便利品又称日用品，是指消费者日常生活所需、需重复购买的商品，如粮食、饮料、肥皂、洗衣粉等。

15. 选购品是指价格比较贵、消费者购买时愿意花较多时间进行比较之后才决定购买的商品，如服装、家电等。

16. 奢侈品是指消费者对其有特殊偏好并愿意花较多时间去购买的商品，如汽车、化妆品等。

17. 耐用品是指能多次使用、寿命较长的商品，如电视机、电冰箱、音响、电脑等。

18. 消耗品是指使用次数较多、消费者需经常购买的商品，如食品、文化娱乐品等。

19. 组织市场是指工商企业为从事生产、销售等业务活动以及政府部门和非营利团体为履行职责而购买产品和服务所构成的市场，它是以某种组织为购买单位的购买者所构成的法人市场。

20. 生产者市场是指购买产品或服务用于制造其他产品或服务，然后销售或租赁给他人以获取利润的单位和个人。

21. 中间商市场是指购买产品用于转售或租赁以获取利润的单位和个人，包括批发商和零售商。

22. 非营利团体市场是指为了维持正常运作和履行职能而购买产品和服务的各类非营利单位所构成的市场，它的较典型的代表形式是政府市场。

23. 半成品是指经过初步加工、以供生产者生产新产品的产品，例如由铁矿砂加工成生铁，又由生铁加工成钢材等。

24. 让渡价值是指整体价值（产品价值、服务价值、人员价值及形象价值之和）与整体成本（货币成本、时间成本、体力成本及精神成本之和）之差。

25. 公开招标采购是指采购部门通过传媒发布广告或通过信函邀请合格的供应商对详细描述要求的拟采购商品在规定期限内进行投标的方式。

26. 协议合同采购是指采购机构就某一采购项目和交易条件同时与若干家公司进行直接谈判，通过谈判后选择与交易条件最佳的公司达成协议。

（二）填空题

1. 消费者市场　组织市场
2. 中间商市场　非营利团体市场
3. 消费者
4. 动机　需要
5. 成员　非成员
6. 主要　次要
7. 向往　厌恶
8. 意见带头人
9. 自主型　联合型

10．动机　知觉
11．首因　晕轮
12．便利品　选购品
13．耐用品　消耗品
14．理智　感情
15．原材料　半成品
16．直接重购　修正重购
17．环境因素　组织因素
18．个人　集体
19．生理性　心理性
20．让渡价值
21．整体价值　整体成本

（三）单项选择题

1．A。理由：群体是指具有共同目标或兴趣的两个或两个以上的人联结而成的人群；参考群体是指那些直接（面对面）或间接影响于人的看法和行为的群体；向往群体是指一个人推崇效仿的、期望成为其中一员或与之交往并受其影响的群体；厌恶群体是指一个人讨厌或反对的一群人。

2．B。理由：参考群体是指那些直接（面对面）或间接影响于人的看法和行为的群体，它可分为成员群体和非成员群体两种基本类型；群体是指具有共同目标或兴趣的两个或两个以上的人联结而成的人群；成员群体是指对一个人有着直接影响的参考群体；非成员群体是指一个人不是其中的成员，仅受其间接影响的群体。

3．C。理由：成员群体是指对一个人有着直接影响的参考群体，它又分为主要群体和次要群体两种类型；群体是指具有共同目标或兴趣的两个或两个以上的人联结而成的人群；参考群体是指那些直接（面对面）或间接影响于人的看法和行为的群体；非成员群体是指一个人不是其中的成员，仅受其间接影响的群体。

4．C。理由：向往群体是指一个人推崇效仿的、期望成为其中一员或与之交往并受其影响的群体；群体是指具有共同目标或兴趣的两个或两个以上的人联结而成的人群；参考群体是指那些直接（面对面）或间接影响于人的看法和行为的群体；厌恶群体是指一个人讨厌或反对的一群人。

5．D。理由：个性是指一个人经常表现出来的、既比较稳定又带有一定倾向性的各种心理特征（如兴趣、爱好、能力、气质、性格等）的总和。

6．A。理由：信念是指人们确信的对某种事物的看法和评价。

7．A。理由：便利品又称日用品，是指消费者日常生活所需、需重复购买的商品，如粮食、饮料、肥皂、洗衣粉等。选购品是指价格比较贵、消费者购买时愿意花较多时间进行比较之后才决定购买的商品，如服装、家电等。奢侈品是指消费者对其有特殊偏好并愿意花较多时间去购买的商品，如汽车、化妆品等。耐用品是指能多次使用、寿命较长的商品，如电视机、电冰箱、音响、电脑等。

8．B。理由：选购品是指价格比较贵、消费者购买时愿意花较多时间进行比较之后才决定购买的商品，如服装、家电等。便利品又称日用品，是指消费者日常生活所需、需重复购买的商品，如粮食、饮料、肥皂、洗衣粉等。奢侈品是指消费者对其有特殊偏好并愿意花较多时间去购买的商品，如汽车、化妆品等。耐用品是指能多次使用、寿命较长的商品，如电视机、电冰箱、音响、电脑等。

9. D。理由：耐用品是指能多次使用、寿命较长的商品，如电视机、电冰箱、音响、电脑等。便利品又称日用品，是指消费者日常生活所需、需重复购买的商品，如粮食、饮料、肥皂、洗衣粉等。选购品是指价格比较贵、消费者购买时愿意花较多时间进行比较之后才决定购买的商品，如服装、家电等。消耗品是指使用次数较多、消费者需经常购买的商品，如食品、文化娱乐品等。

10. B。理由：奢侈品是指消费者对其有特殊偏好并愿意花较多时间去购买的商品，如汽车、化妆品等。便利品又称日用品，是指消费者日常生活所需、需重复购买的商品，如粮食、饮料、肥皂、洗衣粉等。消耗品是指使用次数较多、消费者需经常购买的商品，如食品、文化娱乐品等。耐用品是指能多次使用、寿命较长的商品，如电视机、电冰箱、音响、电脑等。

11. A。理由：组织市场是指工商企业为从事生产、销售等业务活动以及政府部门和非营利团体为履行职责而购买产品和服务所构成的市场，它是以某种组织为购买单位的购买者所构成的法人市场。生产者市场是指购买产品或服务用于制造其他产品或服务，然后销售或租赁给他人以获取利润的单位和个人。中间商市场是指购买产品用于转售或租赁以获取利润的单位和个人，包括批发商和零售商。非营利团体市场是指为了维持正常运作和履行职能而购买产品和服务的各类非营利单位所构成的市场，它的较典型的代表形式是政府市场。

12. B。理由：生产者市场是指购买产品或服务用于制造其他产品或服务，然后销售或租赁给他人以获取利润的单位和个人。组织市场是指工商企业为从事生产、销售等业务活动以及政府部门和非营利团体为履行职责而购买产品和服务所构成的市场，它是以某种组织为购买单位的购买者所构成的法人市场。中间商市场是指购买产品用于转售或租赁以获取利润的单位和个人，包括批发商和零售商。非营利团体市场是指为了维持正常运作和履行职能而购买产品和服务的各类非营利单位所构成的市场，它的较典型的代表形式是政府市场。

13. C。理由：中间商市场是指购买产品用于转售或租赁以获取利润的单位和个人，包括批发商和零售商。组织市场是指工商企业为从事生产、销售等业务活动以及政府部门和非营利团体为履行职责而购买产品和服务所构成的市场，它是以某种组织为购买单位的购买者所构成的法人市场。生产者市场是指购买产品或服务用于制造其他产品或服务，然后销售或租赁给他人以获取利润的单位和个人。非营利团体市场是指为了维持正常运作和履行职能而购买产品和服务的各类非营利单位所构成的市场，它的较典型的代表形式是政府市场。

14. D。理由：非营利团体市场是指为了维持正常运作和履行职能而购买产品和服务的各类非营利单位所构成的市场，它的较典型的代表形式是政府市场。组织市场是指工商企业为从事生产、销售等业务活动以及政府部门和非营利团体为履行职责而购买产品和服务所构成的市场，它是以某种组织为购买单位的购买者所构成的法人市场。生产者市场是指购买产品或服务用于制造其他产品或服务，然后销售或租赁给他人以获取利润的单位和个人。中间商市场是指购买产品用于转售或租赁以获取利润的单位和个人，包括批发商和零售商。

15．B。理由：半成品是指经过初步加工、以供生产者生产新产品的产品，例如由铁矿砂加工成生铁，又由生铁加工成钢材等。成品是已经加工完成的；原材料是未经加工的；机器是用来加工制造其他产品的。

16．D。理由：影响组织市场购买行为的各种因素可概括为四个主要因素，即环境因素、组织因素、人际因素和个人因素。生产因素不在其中。

17．C。理由：戴维斯（H. Davis）等人识别的家庭购买决策的四种角色分别是：①妻子主导型。如清洁用品、厨房用具和食品的购买决策等。②丈夫主导型。如人寿保险的购买决策等。③自主型。饮料、花园用品等产品的购买一般是由夫妻各自作出决定。④联合型。度假、孩子上学、购买和装修住宅等，而且越是进入购买决策的后期，家庭成员越倾向于联合作决定。子女主导型不在其列。

18．D。理由：消费者信息来源可分为四种：首先是个人来源，包括家庭、朋友、同事、熟人等；其次是商业来源，包括广告、推销员、经销商、产品包装、展览等；再次是公共来源，包括大众传播媒体的相关报道；最后是经验来源，包括处理、检查和使用产品的经验等。

19．D。理由：非营利团体市场的购买特点如下：①目标多元化。追求多种目标的整体优化，在考虑经济效益时突出考虑政治和社会效益。②限定总额。采购经费往往有严格的预算限制，不能随意突破。③注重质量。采购通常具有公益性质，因而对产品的质量非常重视。④决策复杂。采购受到许多法律制度的制约，监督机制比较完善，参与采购决策的人员较多，手续要求烦琐，因而决策周期较长。

（四）多项选择题

1．ABC。理由：影响组织市场购买行为的各种因素可概括为四个主要因素，即环境因素、组织因素、人际因素和个人因素。

2．ABCDE。理由：消费者市场具有如下特点：①发展性；②多层次性；③分散性；④复杂多变性；⑤替代性；⑥可诱导性。

3．ABCD。理由：西方学者根据购买者在购买过程中参与者的介入程度和品牌间的差异程度，将消费者的购买行为分为如下四种类型：①复杂的购买行为。一般发生在消费者初次选购价格昂贵、对产品性能不太了解、冒风险的和高度自我表现的商品时。②减少失调感的购买行为。一般发生在消费者高度介入某项产品的购买，但又看不出各厂牌有何差异时。③广泛选择的购买行为。一般发生在消费者购买的商品品牌间差异虽大，但可供选择的品牌很多时。④习惯性的购买行为。一般发生在消费者购买某一商品不是因为特别偏爱某一品牌，而是出于习惯时。

4．ABCDE。理由：人们在一项购买决策过程中可能充当的角色有：①发起者。首先提出或有意想购买某一产品或服务。②影响者。其看法或建议对最终决策具有一定影响。③决策者。在是否买、如何买、哪里买等方面购买决策中作出完全或部分决定。④购买者。实际采购。⑤使用者。最终使用。

5. ABDE。理由：戴维斯（H. Davis）等人识别的家庭购买决策的四种角色分别是：①妻子主导型。如清洁用品、厨房用具和食品的购买决策等。②丈夫主导型。如人寿保险的购买决策等。③自主型。饮料、花园用品等产品的购买一般是由夫妻各自自主作出决定。④联合型。度假、孩子上学、购买和装修住宅等，而且越是进入购买决策的后期，家庭成员越倾向于联合作决定。子女主导型不在其列。

6. ABCDE。理由：消费者信息来源可分为四种：首先是个人来源，包括家庭、朋友、同事、熟人等；其次是商业来源，包括广告、推销员、经销商、产品包装、展览等；再次是公共来源，包括大众传播媒体的相关报道；最后是经验来源，包括处理、检查和使用产品的经验等。

7. ACE。理由：组织市场具有如下特点：①购买者的数量较少、规模较大；②购买者地理位置较集中；③派生需求；④需求弹性小；⑤需求波动大；⑥一手采购且决策复杂；⑦互惠合作。

8. ABC。理由：生产者市场主要有以下特点：①非最终消费产品；②技术性强；③批量采购。

9. ABCDE。理由：中间商市场的特点主要表现为：①空间分布状态居中，较生产者市场分散，较消费者市场集中；②中间商的购买批量存在着很大的差别；③是派生的需求，但对需求变化的反应一般较生产者快；④较生产者市场对价格的敏感性强，通常需要供货企业给予支持和协助；⑤具有经常变换货源供应商的倾向，供应商之间的竞争通常非常激烈。

10. ABCD。理由：非营利团体市场的购买特点如下：①目标多元化。追求多种目标的整体优化，在考虑经济效益时突出考虑政治和社会效益。②限定总额。采购经费往往有严格的预算限制，不能随意突破。③注重质量。采购通常具有公益性质，因而对产品的质量非常重视。④决策复杂。采购受到许多法律制度的制约，监督机制比较完善，参与采购决策的人员较多，手续要求烦琐，因而决策周期较长。

（五）判断题

1. 错误。理由：根据马斯洛的需要层次论，人类需要按由低级到高级的顺序分成五个层次或五种基本类型：生理需要、安全需要、归属和爱的需要、自尊的需要、自我实现的需要。人的需要是从低级向高级发展的，只有当低一级的需要得到相对满足时，高一级的需要才会起主导作用。一个人同时可能存在多种需要，但不是每一种需要都产生动机，也不是每一种动机都引起行为。只有最强烈的动机即“优势动机”才能导致行为。

2. 错误。理由：产品在被购买之后，营销人员的工作并没有结束。消费者在购买产品之后会体验某种程度的满意感和不满意感，如果产品符合期望甚至超出期望，消费者就对商品的满意度也会很高；反之如果与期望不符，消费者就对商品产生抱怨。对产品的满意或不满意感会直接影响以后的购买行为，满意程度高的商品，在以后的购买中，重复购买的可能性就高，而且消费者还会积极向其他人说明使用该产品的实际感受和好处。而对产品有不同程度抱怨的消费者的反应则截然不同，他们会试图减少失调感，他们可以通过放弃或退货来减少不和谐；也可以通过寻求会确定产品的高价值的信息（或回避会确定产品的低价值的信息）来减少失调感；还可能采取抵制或带动他人拒买等行为。企业应通过加强沟通、联系、产品使用指导等方式尽量减少顾客的失调感。

3. 错误。理由：一切企业，无论是生产企业还是商业、服务企业，也无论是否直接为消费者服务，都必须研究消费者市场，因为只有消费者市场才是商品的最终归宿，即最终市场。而组织市场虽然购买数量很大，常常超过消费者市场，但其最终服务对象还是消费者，仍然要以最终消费者的需要和偏好为转移。因此，可以说消费者市场是一切市场的基础，是最终起决定作用的市场。

4. 正确。理由：根据"心理学"模式理论，人的行为是由动机支配的，而动机是由需要引起的。所谓需要，就是客观刺激通过人体感官作用于人脑所引起的某种缺乏状态。例如，人体感觉到冷时，就产生加穿衣服的需要。动机引起行为，维持行为，并引导行为去满足某种需要。动机源于需要，当人产生某种需要而又未能得到满足时，人体内便出现某种紧张状态，形成一种内在动力，促使人去采取满足需要的行动。当人的需要得到基本满足时，则紧张状态消失，恢复平衡，从而动机也就不存在了。

5. 正确。理由：一个人的参考群体是指那些直接（面对面）或间接影响于人的看法和行为的群体，它可分为成员群体和非成员群体两种基本类型。营销人员必须识别目标顾客的参考群体，特别是参考群体中的"意见带头人"，他们是大众市场顾客的模仿对象。

6. 正确。理由：外部刺激或信息经由感觉器官进入人的大脑，大脑根据感觉材料的性质及储存在记忆中的原有知识和经验，对这些材料进行加工，然后形成知觉。产品、广告等营销刺激只有被消费者知觉才会对其行为产生影响。在营销工作中，要特别注意人的知觉容易存在选择性知觉、首因效应、近因效应、晕轮效应及定型效应的偏差。例如，某人对第一次见到的产品印象较深；喜欢海尔洗衣机，进而喜欢海尔其他产品；对自己喜欢的产品的广告特别容易感知；认为外国人都喜欢高档产品，等等。

7. 正确。理由：信念是人们确信的对某种事物的看法和评价，它对人们的行为具有总体导向和很强的驱动与支持作用。例如，某些人以俭朴为信念，就会很少买高档商品；再如，某些人对某个品牌的产品形成了良好的信念，就会使他们对这一品牌非常忠诚。

8. 正确。理由：让渡价值是整体价值（产品价值、服务价值、人员价值及形象价值之和）与整体成本（货币成本、时间成本、体力成本及精神成本之和）之差。让渡价值越大，消费者获得的满足感越强。因此，消费者评价和选择商品一般会以产品的让渡价值作为衡量标准，消费者都期望获得尽可能大的让渡价值。

9. 正确。理由：当消费者高度介入某项产品的购买，但又看不出各厂牌有何差异时，对所购产品往往产生失调感。因为消费者购买一些品牌差异不大的商品时，虽然他们对购买行为持谨慎的态度，但他们的注意力更多的是集中在品牌价格是否优惠，购买时间、地点是否便利，而不是花很多精力去收集不同品牌间的信息并进行比较，而且从产生购买动机到决定购买之间的时间较短。因而这种购买行为容易产生购后的不协调感，即消费者购买某一产品后，或因产品自身的某些方面不称心，或得到了其他产品更好的信息，从而产生不该购买这一产品的后悔心理或心理不平衡。为了改变这样的心理，追求心理的平衡，消费者广泛地搜集各种对已购产品的有利信息，以证明自己购买决定的正确性。

10. 正确。理由：购买者的数量较少，购买的规模较大。与消费者市场相比，组织市场购买者绝大多数都是集团单位，购买者的数目必然比消费者市场少得多，而且基本上采用批量采购，购买者的规模也必然大得多。

11. 正确。理由：生产者市场的产品和服务用于制造其他产品或提供服务。

12. 正确。理由：中间商市场的特点主要表现为：①空间分布状态居中，较生产者市场分散，较消费者市场集中；②中间商的购买批量存在着很大的差别；③是派生的需求，但对需求变化的反应一般较生产者快；④较生产者市场对价格的敏感性强，通常需要供货企业给予支持和协助；⑤具有经常变换货源供应商的倾向，供应商之间的竞争通常非常激烈。

13. 正确。理由：中间商市场的特点主要表现为：①空间分布状态居中，较生产者市场分散，较消费者市场集中；②中间商的购买批量存在着很大的差别；③是派生的需求，但对需求变化的反应一般较生产者快；④较生产者市场对价格的敏感性强，通常需要供货企业给予支持和协助；⑤具有经常变换货源供应商的倾向，供应商之间的竞争通常非常激烈。

14. 正确。理由：与企业不同，非营利团体的目标不是追求利润最大化，它的目标是力图实现社会效益和公众效益最大化。因而，非营利团体的采购行为通常是追求多种目标的整体优化，在考虑经济效益时突出考虑政治和社会效益。

15. 正确。理由：非营利团体市场的购买具有如下特点：①目标多元化。追求多种目标的整体优化，在考虑经济效益时突出考虑政治和社会效益。②限定总额。采购经费往往有严格的预算限制，不能随意突破。③注重质量。采购通常具有公益性质，因而对产品的质量非常重视。④决策复杂。采购受到许多法律制度的制约，监督机制比较完善，参与采购决策的人员较多，手续要求烦琐，因而决策周期较长。

16. 错误。理由：在组织市场上，执行者和联络者虽然没有决策权，但其作用亦不容小视。执行者负责对购买决策的具体落实，在这过程中，如果不重视他们的作用，执行人员可能会在很多方面不予协作，并发布某种不利于下次采购的言论；联络者对企业内部和竞争对手的信息掌握较多，并可以阻止供应者的推销人员与使用者和决定者见面。

（六）简答题

1. 答：消费者市场具有如下特点：①发展性；②多层次性；③分散性；④复杂多变性；⑤替代性；⑥可诱导性。

2. 答：这四种角色分别是：

（1）妻子主导型。如清洁用品、厨房用具和食品的购买决策等。

（2）丈夫主导型。如人寿保险的购买决策等。

（3）自主型。饮料、花园用品等产品的购买一般是由夫妻各自做主决定。

（4）联合型。度假、孩子上学、购买和装修住宅等，而且越是进入购买决策的后期，家庭成员越倾向于联合作决定。

3. 答：人们在一项购买决策过程中可能充当的角色有：

（1）发起者。首先提出或有意想购买某一产品或服务。

（2）影响者。其看法或建议对最终决策具有一定影响。

（3）决策者。在是否买、如何买、哪里买等方面购买决策中作出完全或部分决定。

（4）购买者。实际采购。

（5）使用者。最终使用。

4. 答：西方学者根据购买者在购买过程中参与者的介入程度和品牌间的差异程度，将消费者的购买行为分为如下四种类型：

（1）复杂的购买行为。一般发生在消费者初次选购价格昂贵、对产品性能不太了解、冒风险的和高度自我表现的商品时。

（2）减少失调感的购买行为。一般发生在消费者高度介入某项产品的购买，但又看不出各厂牌有何差异时。

（3）广泛选择的购买行为。一般发生在消费者购买的商品品牌间差异虽大，但可供选择的品牌很多时。

（4）习惯性的购买行为。一般发生在消费者购买某一商品不是因为特别偏爱某一品牌，而是出于习惯时。

5. 答：消费者的购买决策过程主要经历五个阶段：①确认某种需要；②搜寻可行方案；③评估可行方案；④制定采购决策；⑤购后行为。

6. 答：组织市场具有如下特点：①购买者的数量较少，购买者的规模较大；②购买者地理位置较集中；③派生需求；④需求弹性小；⑤需求波动大；⑥一手采购且决策复杂；⑦互惠合作。

7. 答：生产者市场主要有以下特点：①非最终消费产品；②技术性强；③批量采购。

8. 答：中间商市场的特点主要表现为：①空间分布状态居中，较生产者市场分散，较消费者市场集中；②中间商的购买批量存在着很大的差别；③是派生的需求，但对需求变化的反应一般较生产者快；④较生产者市场对价格的敏感性强，通常需要供货企业给予支持和协助；⑤具有经常变换货源供应商的倾向，供应商之间的竞争通常非常激烈。

9. 答：中间商进行产品决策时有以下四种选择：①独家产品策略。中间商只经营一家生产厂商的产品，以求得较好的供货条件。②专业产品策略。中间商同时经营多家生产厂商的某个种类的产品。③行业产品策略。中间商在某一行业经营范围内经营多种相关商品。④广泛产品策略。中间商经营互不关联的多行业、多厂家、多品种的产品。

10. 答：中间商市场的购买行为一般可分为以下四种类型：①直接重购。中间商以原供货条件继续向原供应商发出订货单进行采购。在这种情况下，中间商的购买决策过程及具体的购买业务是非常简单的。②修正交易条件重购。中间商并不更换供应商，而是希望在交易条件获得更多优惠。③选择货源新购。中间商知道应采购什么产品，但需要选择最合适的供应商。④完全新购。中间商采购现有经营品种以外的新品种。

11. 答：按照不同的职能，非营利团体市场可分为三类：①履行国家职能的非营利团体市场，主要包括政府、军队、司法等团体市场。②促进群体交流的非营利团体市场，主要包括各种职业团体、业余团体、宗教组织、专业学会及行业协会等团体市场。③提供社会服务的非营利团体市场，主要包括学校、医院、红十字会、图书馆、基金会、福利和慈善机构等社会公益团体市场。

12. 答：非营利团体市场的购买特点如下：①目标多元化。追求多种目标的整体优化，在考虑经济效益时突出考虑政治和社会效益。②限定总额。采购经费往往有严格的预算限制，不能随意突破。③注重质量。采购通常具有公益性质，因而对产品的质量非常重视。④决策复杂。采购受到许多法律制度的制约，监督机制比较完善，参与采购决策的人员较多，手续要求烦琐，因而决策周期较长。

13. 答：非营利团体市场的购买具有三种类型：①公开招标采购。非营利团体采购部门通过传媒发布广告，或通过信函邀请合格的供应商对详细描述要求的拟采购商品在规定期限内进行投标的方式。②协议合同采购。非营利团体采购机构就某一采购项目和交易条件同时与若干家公司进行直接谈判，通过谈判后选择与交易条件最佳的公司达成协议。③日常采购。非营利团体为了维持日常办公和组织运行的需要而进行的采购。这种类型视不同情形类似于前面所述的“直接重购”“修正重购”或“新购”等方式。

14. 答：组织市场购买决策的参与者一般有如下几种：

（1）发起者。往往是在组织中与拟购买产品有较密切关联的人。

（2）使用者。往往是最初提出购买某种生产用品意见或规格参数的人，他们在计划购买产品的品种、规格中起着重要作用。

（3）影响者。这是从组织的内部和外部直接或间接影响购买决策的人。在众多的影响者中，组织外部的咨询机构和组织内部的技术人员往往有较大的影响力。

（4）召集者。在一般的采购中，召集者往往就是决定者。在复杂的大型采购中，召集者通常对采购决策提供某些参考方案（但往往带有倾向性），以供上级选项决定。

（5）批准者。批准者对采购项目具有最后拍板权，是购买决策过程的最后“把关者”，对修正重购和新购来说，批准者的喜好和工作风格（集权还是分权）往往左右着组织的购买决策。

（6）执行者。执行者负责对购买决策的具体落实，其作用亦不容小视。

（7）联络者。他们虽无决策权，但对企业内部和竞争对手的信息掌握较多，并可以阻止供应者的推销人员与使用者和决定者见面。

15. 答：组织市场购买决策过程由下述七个阶段组成：①识别组织购买需求；②描述组织购买需求；③寻找潜在供应商；④征求潜在供应商的建议书；⑤评价建议书，确定正式的供应商；⑥执行组织购买行为；⑦评估组织购买行为。

（七）论述题

1. ［答案要点］消费者的购买行为受到四种主要心理因素的影响，叙述如下：

（1）动机。动机是一种需要，它能够及时引导人们去探求满足需要的目标。购买动机可分为生理性动机和心理性动机两大类。一般说来，生理性动机比较明显与稳定，具有普遍性与主导性。心理性动机较生理性动机更为复杂，当社会经济发展到一定水平时，心理性动机通常在消费者行为中占重要地位。心理性动机一般可分为理智动机、感情动机、偏爱动机三种。在实际生活中，一般比较常见的具体购买动机大致可归结为求廉、求实、求新、求美、求好、求名、求值、求奇、从众等九种心理状态。

（2）知觉。知觉取决于物质刺激物的特征，同时还依赖于刺激物与周围环境的关系（形态观念）以及个人所处的状况。外部刺激或信息经由感觉器官进入人的大脑，大脑根据感觉材料的性质及储存在记忆中的原有知识和经验，对这些材料进行加工，然后形成知觉。产品、广告等营销刺激只有被消费者知觉才会对其行为产生影响。在营销工作中，要特别注意人的知觉容易存在选择性知觉、首因效应、近因效应、晕轮效应及定型效应的偏差。例如，某人对第一次见到的产品印象较深；喜欢海尔洗衣机，进而喜欢海尔其他产品；对自己喜欢的产品的广告特别容易感知；认为外国人都喜欢高档产品，等等。

（3）学习。人们通过行为和学习，获得自己的信念和态度，而消费者的信念和态度反过来又会影响其购买行为。学习是指人在生活过程中因经验而产生的行为或行为潜能比较持久的变化。消费者的学习，是在驱策力、刺激物、提示刺激、反应、强化等方面相互作用、相互影响下展开和进行的。例如，消费者产生了某种需要，这就是一种驱策力，是驱使其行动的内在刺激。当这种驱策力较为强烈，并被某种外在提示刺激引向某种可以减弱或消除它的刺激物时，这种驱策力就会转变为一种动机。在这一动机的支配下，他将作出购买该物的反应。但他将在何时、何地以及怎样作出反应，还常常受到一些其他的或大或小的外在提示刺激的影响。消费者在购买和使用了某个品牌的产品之后，如果感到满意，就会加以肯定并正向地强化对它的反应，从而在同一刺激物上重复或在类似的刺激物上扩大自己的行为；如果感到不满意，就会加以否定并反向地强化对它的反应，从而停止或不再重复自己的行为。营销人员为了引起或扩大消费者对自己某种商品的需求，可以反复提供诱发其购买该商品的提示刺激，并应尽量使消费者买后感到满意。

（4）信念和态度。信念是人们确信的对某种事物的看法和评价，它对人们的行为具有总体导向和很强的驱动与支持作用。例如，某些人以俭朴为信念，就会很少买高档商品；再如，某些人对某个品牌的产品形成了良好的信念，这就会使他们对这一品牌非常忠诚。态度指的是个体对某一事物所持有的评价和行为倾向，是认知、情感和意向的统一体。消费者对某一品牌产品的态度一经形成，以后就倾向于根据态度作出相同的购买决策，不愿再费心去比较、分析、判断。因此，消费者对某种商品的肯定态度可以使它长期畅销，而否定态度则可以使它一蹶不振。

2. ［*答案要点*］马斯洛将人类需要按由低级到高级的顺序分成五个层次或五种基本类型：

（1）生理需要。维持个体生存和人类繁衍而产生的需要，如对食物、氧气、水、睡眠等的需要。

（2）安全需要。在生理及心理方面免受伤害，获得保护、照顾和安全感的需要，如要求人身的健康，安全、有序的环境，稳定的职业和有保障的生活等。

（3）归属和爱的需要。希望给予或接受他人的友谊、关怀和爱护，得到某些群体的承认、接纳和重视。如乐于结识朋友，交流情感，表达和接受爱情，融入某些社会团体并参加他们的活动等。

（4）自尊的需要。希望获得荣誉，受到尊重和尊敬，博得好评，得到一定的社会地位的需要。自尊的需要是与个人的荣辱感紧密联系在一起的，它涉及独立、自信、自由、地位、名誉、被人尊重等多方面内容。

（5）自我实现的需要。希望充分发挥自己的潜能，实现自己的理想和抱负的需要。自我实现是人类最高级的需要，它涉及求知、审美、创造、成就等内容。

马斯洛认为，人的需要是从低级向高级发展的，只有当低一级的需要得到相对满足时，高一级的需要才会起主导作用。一个人同时可能存在多种需要，但不是每一种需要都产生动机，也不是每一种动机都引起行为。只有最强烈的动机即“优势动机”才能导致行为。

（八）案例分析

［答案要点］

案例 4－1

1. 老店出新招，在保留传统特色的基础上加以创新，紧跟消费者需求的变化，靠质量和服务树品牌。

2. 树立市场营销观念，紧跟消费者需求的变化，靠质量和服务树品牌，针对消费者不同的购买行为，采取了不同的营销对策。

案例 4－2

1. 近年来，消费者的购买行为发生了显著的变化，主要表现为消费者的计划购买比率不断减少，而非计划购买比率急速上升，消费者购买行为的这种变化说明，不管是生产商还是零售商都要高度重视卖场营销。

2. 所谓计划购买是指消费者在店内所购买的商品是来店之前所预定购买的商品，我们把这种事先进行的购买决策称之为计划购买。而非计划购买是指消费者在店内所购买的商品是来店之前根本没有预定或意识到的商品，我们把这种在店内进行的购买决策称之为非计划购买或冲动购买。现在，消费者计划购买的商品在购买总量中所占有的比例越来越小，而在店内进行决策的非计划购买的比例急速上升。

案例 4－3

1. 试销效果很好并不能说明销售就一定成功。试用和真正购买之间还有一段距离。

2. 针对问题找原因，针对原因想办法。如配好的沙拉油不被家庭主妇接受，能否把各种调料组合在一个包装里销售，由家庭主妇自己调配；或者专门生产家庭不易制作的某种调料；或者改变目标市场等。

案例 4－4

1. 一般来说不可行，因为广州女人讲究实惠，不愿将钱花在时装上，她们宁可购买换季服装；广州女人是贤内助，在家中奉养老人、抚养孩子，她们宁可穿休闲服装。

2. 大致有这么几类：实惠的，与吃喝玩乐有关的，休闲的。

案例 4－5

1. MP3 的目标市场应定位在具有大学学历（大专和本科）的年轻人，而且价格不宜太高。

2. MP3 的设计应体现青春活泼的特点。

案例 4－6

1. 先是利用专门销售陶瓷器的百货公司；遇到挫折后进行市场调研，转而改用超级市场来销售，走出困境；为了扩大销售，通过对美国大众习惯心理和消费行为的认真分析，制定了一套独特的销售计划，获得成功。

2. 美国人对日常用具很讲究配套和特色。

3. 面对挫折不气馁，调查研究找原因；面对成绩不自满，独具匠心扩战果。

（九）实践活动

[要点提示]

实践目的主要是通过对不同消费者的调查，分析消费者购买欲望和动机的原因，通过对比分析影响消费者购买行为的文化因素、社会因素、个人因素和心理因素差异，通过调查分析消费者购买行为类型之间的差异，分析消费者购买决策过程的典型决策过程，即确认需求、搜集信息、选择判断、购买决策和购后评价等的特点。

第五章
国际市场细分、目标营销、市场定位及国际市场进入方式

一、练习题

（一）名词解释

1. 市场细分　2. 国际市场细分　3. 目标市场
4. 目标营销　5. 市场的结构吸引力　6. 全球市场细分
7. 国家市场细分　8. 混合市场细分　9. 无差异性营销策略
10. 差异性营销策略　11. 集中性营销策略　12. 市场定位
13. 国际战略联盟　14. 多数谬误

（二）填空题

1. 细分市场的规模一般是用____________或者________来衡量。

2. 市场营销人员在评价各种市场机会时，要看这些市场机会是否与________与________等相一致。

3. 目标市场营销由三个步骤组成，一是________，二是________，三是市场定位。

4. 国际市场细分的方法可分为__________、___________、___________等三种方法。

5. 目标市场是指企业所确定的作为自己经营对象的某些特定需要的________，也可以说是企业的服务对象或企业产品的________。

6. 美国市场学家麦卡锡在20世纪60年代初首先提出了________这一概念，并明确指出具有特定需求的________就是目标市场。

7. 目标营销是指企业在________的基础上，选择一个或若干个子市场作为________，并制定相应的营销策略的过程。

8. 市场细分是为了选择________，但不等于每个________都是企业的目标市场。

9. 西方营销学通常从三个方面对不同的细分市场进行评估，它们是_________________、__________________、__________________。

10. 细分市场的销售量并非越大越好，这里的关键是销售量要同________相称。

11. 目前西方营销学主要是从____________、____________、__________、_____________________四个方面对某一细分市场的结构吸引力进行分析。

12. ________与________的替代品会影响细分市场的赢利能力，它会夺走一部分利润。

13. 出口进入方式输出的是________，投资进入方式输出的则是________。

（三）单项选择题

1. 美国的报纸有些是全国性报纸，有些是地区性报纸，这种市场细分的标准是（　　）。

A. 性格标准　　B. 人口标准
C. 行为性格　　D. 地理标准

2. 下列属于消费者市场细分的依据中人口标准的是（　　）。

A. 生活方式　　B. 家庭规模
C. 城市农村　　D. 个性

3. 按照收入水平来细分市场和选择目标市场，是属于（　　）。

A. 人口细分　　B. 心理细分
C. 行为细分　　D. 地理细分

4. 对于资源有限的中小企业，或是初次进入新市场的大企业，适用（　　）。

A. 无差异市场营销　　B. 差异市场营销
C. 集中市场营销　　D. 统一市场营销

5. 如果企业资源雄厚，可以考虑实行（　　）。

A. 无差异市场营销　　B. 差异市场营销
C. 集中市场营销　　D. 统一市场营销

6. 对于同质产品或需求上共性较大的产品，一般宜实行（　　）。

A. 无差异市场营销　　B. 差异市场营销
C. 集中市场营销　　D. 统一市场营销

7. 产品进入成熟期，竞争日益激烈时，应采用（　　）。

A. 无差异市场营销　　B. 差异市场营销
C. 集中市场营销　　D. 统一市场营销

8. 首先提出“目标市场”这一概念的人是（　　）。

A. 麦卡锡　　B. 波特
C. 牛顿　　D. 熊彼特

9. 构成市场最主要的因素是（　　）。

A. 人口　　B. 收入
C. 年龄　　D. 性别

10. 金利来男服装的设计分为活泼型、外向型、追求型等，这种市场细分的标准是（　　）。

A. 性格标准　　B. 人口标准
C. 行为性格　　D. 地理标准

11. 机票及旅馆住宿的费用，在旺季及淡季时的价格不同，这种市场细分的标准是（　　）。

A. 性格标准　　B. 人口标准

C. 行为性格　　D. 地理标准

12. 世界妇女市场分成朴素型、时髦型、新潮型、保守型、有男子气概型等五种市场类型，这种市场细分的标准是（　　）。

A. 性格标准　　B. 人口标准

C. 心理标准　　D. 地理标准

13. 一般的女装可依照年龄分为童装、少女装及淑女装，这种市场细分的标准是（　　）。

A. 性格标准　　B. 人口标准

C. 行为性格　　D. 地理标准

（四）多项选择题

1. 消费者市场的细分标准主要有（　　）。

A. 性格标准　　B. 地理标准

C. 人口标准　　D. 心理标准

E. 行为标准

2. 下列属于产业市场特有的细分标准是（　　）。

A. 顾客规模　　B. 地理位置

C. 用户要求　　D. 心理标准

E. 行为标准

3. 市场细分应坚持的原则有（　　）。

A. 可衡量性　　B. 可进入性

C. 有实效性　　D. 相对稳定性

E. 可实践性

4. 企业在选择目标市场营销战略时应考虑（　　）。

A. 企业资源　　B. 产品类似性

C. 市场类似性　　D. 产品生命周期

E. 竞争对手的战略

5. 企业分别对各个细分市场进行分析评价时，需要了解它们的（　　）。

A. 潜在需求　　B. 竞争状况

C. 竞争趋势　　D. 赢利的可能性

E. 数量

（五）判断题

1. 市场细分越细越好。（　　）

2. 市场细分既不能过粗，又不能过细。（　　）

3. 经市场细分后的目标市场，应该可以接近这些消费者以从事各种行销活动。（　　）

4. 市场细分是为了选择目标市场，但不等于每个细分市场都是企业的目标市场。（　　）

5. 理想的细分市场是，同一个细分市场内消费者的行为极其类似，而不同的细分市场内消费者的行为完全不同。(　　)

6. 适合自己的市场才是好市场。(　　)

7. 并不是细分市场的销售量越大越好，这里的关键是销售量要同公司的实力相称。(　　)

8. 市场定位不是对产品做什么，而是对潜在消费者的心做什么。(　　)

9. 定位不是要如何去掌握消费者的心，而是要如何去开发和生产产品。(　　)

10. 细分市场的销售量越大越好。(　　)

(六) 简答题

1. 国际市场细分应坚持什么原则?
2. 简述国际市场细分的方法。
3. 判断理想的市场细分的标准是什么?
4. 国际市场细分有什么作用?
5. 为什么要开展目标营销呢?
6. 如何对细分市场进行评估?
7. 如何分析细分市场的结构吸引力?
8. 企业主要从哪些方面分析市场内的现有与将来可能出现的替代品?
9. 什么是无差异性营销策略? 其优缺点如何?
10. 什么是差异性营销策略? 其优缺点如何?
11. 什么是集中性营销策略? 其优缺点如何?
12. 采用竞争定位法对市场进行定位时必须考虑什么条件?
13. 采用补缺定位法对市场进行定位时必须考虑什么条件?

(七) 论述题

1. 试论述消费者市场细分的依据。
2. 试论述国际市场的进入方式。

(八) 案例分析

案例 5-1：小灵通异军突起

2000 年是“小灵通”最活跃也是最多事的一年。先是浙江余杭，这个只有几万人的小县城拥有几千个“小灵通”的用户。广东是“小灵通”发展最快的地方，在肇庆、云浮、惠州等十多个城市，拥有用户数十万。面对蜂拥而来的发展潮，信息产业部也有些耐不住，数月之内连下 4 个文件，对“小灵通”的发展作出一系列甚至有点互相矛盾的判断：先是认为“小灵通”是落后的技术，在全国范围内要限制发展。经过调查，又下文，允许有条件的地方的电信部门发展“小灵通”项目。

在中国，发展“小灵通”项目的争论一直就没有停止过。有人认为这是一种过时的技术，并有在日本等国失败的先例。但是，以中国目前的消费环境来看，目标消费者并不关心技术是先进还是落后。“有限的价格，无限的享受”，这是“小灵通”在兰州促销的广告语，恰好概括出它的卖点。

在西安市场的调查结果显示，西安市“小灵通”发展市场潜力巨大。第一，用户对通信服务的移动性需求很大。“移动性”是“小灵通”区别于固定电话的最大优势所在。用户对通信的“移动性”有需求，这就意味着它可能会成为“小灵通”服务的顾客。在所调查的用户中，有55.9%的人借助于公用电话或单位电话沟通信息，这一部分人就是“小灵通”的潜在用户，其比例是很大的。第二，用户对传呼机的使用频率高。根据调查结果统计，用户对传呼机的拥有率（82.4%）和使用率（76.3%）是很高的。这说明用户对通信“移动性”的需求很大，一旦时机成熟，他们便会成为“小灵通”的现实消费者。“小灵通”与传呼机相比，使用方便，优势明显。第三，“小灵通”与手机相比，价格优势十分明显。通过“小灵通”用户与手机用户月租费支出比较，“小灵通”用户话费支出主要集中在50～100元内（占44%），而手机用户话费在100元以下者仅占6.5%，更有46.5%的用户话费超过300元。由此可见，“小灵通”的价格优势十分明显。第四，“小灵通”属“绿色环保”产品，这对用户购买“小灵通”的影响很大。并且，在未购买用户中，有64%的顾客有意在一年内购买“小灵通”。可见，“小灵通”的市场潜力很大。

根据调查显示，“小灵通”用户的年龄趋向年轻化，其中，在25～35岁年龄段就占了47.3%，这就要求，应将宣传的重点放在中青年身上。通过对“小灵通”用户的文化程度和月收入进行分析，可以看出“小灵通”的主要用户群是普通消费者，因此对“小灵通”的消费潮流应引导为一种大众化消费。对于消费者职业的调查，可以看出国企职工、个体户、教师和学生（高校生）三部分所占比例最大。因此要以国企职工、私营个体业主、高校市场作为“小灵通”的目标顾客群。通过调查结果可以看出，用户在购买“小灵通”时考虑较多的是通话性能，因此不能把“小灵通”定位于“低质低价”，而应该为“物美价廉”，争取做到“中质低价”甚至“优质低价”。由于“小灵通”刚引入市场时就定位于固定电话的延伸，因而通话费采取的是固定电话标准，这个定位非常好，它是决定“小灵通”市场大小的一个十分重要的因素。对于“小灵通”的售价，调查表明，有62%的消费者认为“小灵通”的合理价位应在900～1 500元左右。

从竞争对手看，中国电信就“小灵通”项目与中国移动展开的竞争，可能是两兄弟分家后第一次站在对立面的交锋。近年来，中国联通的崛起已经严重威胁到中国电信的地位，在国家政策倾斜和企业自身的努力下，联通成为我国唯一拥有各种经营牌照的运营商。与此同时，固定电话“热装冷用”的现象一直困扰着电信。目前，我国通信网上已有1亿多市话用户。其中，60%的用户在城市。尽管初装费一降再降，并出台各种优惠方案，但是，市场开拓并不理想。为了扩大赢利点，使中国电信在未来资本市场有良好的表现，中国电信推出“小灵通”业务是一种很好的尝试。

请问：

1. 小灵通为什么能在中国异军突起？
2. 小灵通是如何进行市场细分的？
3. 小灵通的成功对我们有什么启示？

案例 5-2：Celene 与 Ducon 之争

无敌塑料公司的销售主管杰瑞·罗伯兹正在准备公司主打产品 Celene 下年度的营销计划。Celene 是一种新型的高性能塑料产品，唯一能与之抗衡的是三河公司生产的 Ducon。三河公司财力雄厚，是一家大型的多元化企业，规模比无敌塑料公司大很多。Celene 与 Ducon 在汽车、电器、管道和五金等许多行业中都有潜在客户。比如在汽车行业中，一些对材料强度要求不高的领域，就存在着用塑料替代铝、锌的商机；再如管道和五金业中，由于黄铜和紫铜资源的严重匮乏，制造商正在积极寻找替代品。竞争对手 Ducon 比 Celene 早两年投放市场，每磅售价为 1 美元。为了与 Celene 竞争，三河公司后来将售价降到了 0.75 美元。据估计，未来 3 年内美国市场对 Celene 和 Ducon 的市场总需求还将以每年平均 30% 的速度递增。与此同时，其他新兴公司的塑料产品也渴望进入这一市场，它们的价格更低廉，如 ABS 塑料是每磅 0.37 美元，Nory 塑料的性能与 Celene 相近，但更容易降解，且价格比 Celene 低 20%。

请问：

1. 你认为案例中的塑料产品处于生命周期的哪个阶段？
2. 无敌塑料公司是应该采取有的放矢战略还是采取漫天撒网的销售战略？
3. 需要从哪几个方面对不同的细分市场进行评估？

案例 5-3：目标市场营销的魅力

1982 年以前，常州电子仪器厂的产品基本上分为军用品和工业用电子测量仪器两大类。随着国民经济的调整，这两类产品的需要都呈下降趋势。为了搞活经营，发挥企业优势，厂里决定开发民用产品。经过广泛调查发现，电子琴存在着一个较大的潜在市场。因此决定大力开发电子琴。

通过抽样调查，细分的目标市场所需的电子琴大体分为三种类型：①文艺团体演奏用电子琴，要求音色美，功能全，质量高，能适应多种乐曲的舞台演奏需要。②中小学、幼儿园教学用电子琴，要求音色优于风琴，质量一般，功能从简，价格低廉。③音乐爱好者欣赏用电子琴，由于音乐爱好者的欣赏水平、经济条件、演奏技巧以及审美观点各不相同，因此对电子琴的功能、结构、质量、价格、外形等方面的要求也各不相同。

根据统计分析，销售趋势大体如下：中小学、幼儿园占 70%；文化馆、站占 15%；音乐爱好者占 10%；其他占 5%。因此，确定以中小学、幼儿园作为主要市场，拟开发的产品为教学型电子琴，其他市场决定放弃。

目标市场确定后，常州电子仪器厂对产品进行多次设计和确定一系列改进措施，将 TDQ-49 型电子琴投入市场，以满足消费者的需求。为了开拓和占领市场，他们采取的营销策略主要是：布点选择。该厂认为，集中布点，区域范围小，信息反馈灵敏，易于控制和掌握市场变动，同时在产品供不应求的情况下，可集中供货，有利于建立稳固的供求关系；而分散布点，涉及的地区广，范围大，可使更多的消费者了解该种产品，抓住有利时机，迅速扩大和占领市场，但存在由于产品少而网点多，难以及时充分提供货源的缺点。通过分析，决定采取分散布点方式，当年先布点 100 个，以后随着电子琴产量的增加，继续增设网点。同时，通过增加产品功能，提高档次来进一步满足市场。

常州电子仪器厂由于采取了一系列正确决策，使企业获得了明显的经济效益。目前，TDQ－49 型电子琴的产值已占企业工业总产值的 30% 左右，利润额已占全厂利润的 25% 以上。

请问：

1. 常州电子仪器厂是如何取得成功的？
2. 消费者市场的细分标准有哪些？常州电子仪器厂是如何进行市场细分的？
3. 可供选择的目标营销策略有哪几种？案例中该厂采用的哪一种策略？该策略的优缺点如何？

案例 5－4：贝尼公司的商店变热闹了

1902 年，J. C 贝尼在美国怀俄明州创立了经营大众化商品的贝尼百货公司。到了 20 世纪 50 年代贝尼公司已发展成为 1 700 多家分店的大型连锁百货公司，但营业利润出现了滑坡趋势。该公司通过调查发现：贝尼公司的百货商店里的顾客虽然不少，但缺少一种兴旺的气氛；顾客中老年居多，青年人很少，没有青年人活动，商店里的气氛自然“偏冷”；商品陈旧，经营方式缺乏时代感。

时任副总经理的柏泰思向公司递交了一份建议书，提出了独到的销售理论：“现代社会中，由于个人收入的不断增加，人们对消费资金的使用不再局限于生活必需品，而是更多地着眼于那些能满足心理欲望的商品。因此，与其出售实用性的商品，不如以流行、奢侈类的商品来代替，应用创造性营销更具有重要意义。”经过一番讨论，柏泰思的经营方案正式付诸实施。

柏泰思坚持以青年为主要销售对象，贝尼公司的商品突出“美姿和流行”的特色，最先开发出了至今仍畅销世界的长丝袜和迷你裙。1963 年，柏泰思还成功地创办了一家包罗万象的百货商场，里面除了经营流行衣料、家具、化妆品、家用电器等商品外，还有美容院、餐馆、电影院、游艺场等。这种丰富多彩的经营环境对消费者，特别是对于那些精力旺盛的青年消费者来说，具有极大的吸引力，贝尼公司的商店变得“热闹”了。

请问：

1. 贝尼公司采取了什么措施使商店里的气氛由“冷”变“热”了？
2. 贝尼公司在经营过程中采取的是什么营销策略？

案例 5－5：TTK 公司的市场细分

TTK 公司是英国一家著名的化妆品公司，该公司近期开发出了一种适合东方女性需求特点的具有抗衰老功效的系列化妆品，并在多个国家获得了专利保护。营销部经理初步分析了亚洲各国和地区的情况，首选中国作为目标市场。为迅速掌握中国市场的情况，公司派人员来中国进行实地调研。调查显示，中国市场需求量大，购买力强，且没有同类产品竞争。在调查基础上又按年龄层次将中国女性化妆品市场划分为 15～18 岁、18～25 岁（婚前）、25～35 岁及 35 岁以上四个子市场，并选择了其中最大的一个子市场进行重点开发。

请问：

1. 该公司进行市场细分的细分变量主要是什么？其他可供选择的变量还有哪些？

2. 根据中国市场的特点，公司选择最大的子市场应该是哪个？为什么？

（九）实践活动

实践 5－1：市场细分、目标市场选择与定位

目的与要求

通过市场营销调研细分某产品的市场，然后进行目标市场的选择和定位分析，并初步确定该产品占领目标市场的策略。

实践内容

1. 选定当地某一典型产品。

2. 对该产品的市场营销环境和企业内部环境进行分析，然后对其市场进行细分。

3. 选择该产品的目标市场，并制定该产品占领目标市场的策略。

4. 把自己的实践结果与现行的产品市场细分与定位及其市场策略进行对比分析是否一致或有不同。

实践 5－2：目标市场的选择与定位

目的与要求

通过市场营销调研，分析某国际品牌的英语学习机进入学校这一目标市场的选择和定位，并初步确定该产品占领目标市场的策略。

实践内容

某国际著名品牌电子公司决定进入学生外语学习机市场。通过市场调查，该公司了解到学校学生群体的消费者对外语学习机产品最为关注的是功能组合和外观设计；又了解到目前在学校这一市场上销售的产品已有 A、B、C、D 四家公司提供同类产品，但它们所处的市场位置各不相同。在这种情况下，该公司（假设为 G 公司）应如何为自己的外语学习机产品定位呢？

要求

根据班级实际情况采取以分组讨论的形式进行，各小组将讨论结果以分析文案形式提交。

二、参考答案

（一）名词解释

1. 市场细分是指通过调查分析顾客的不同需求和欲望，企业依据某种标准将顾客划分为若干个顾客群。

2. 国际市场细分是市场细分概念在国际营销中的运用。国际市场细分具有两方面的含义：一是宏观细分，根据某种标准将整个世界划分为若干个子市场，每一个子市场具有基本相同的营销环境；二是微观细分，企业进入某一国外市场后根据某种标准，将其划分为若干个子市场。

3. 目标市场就是指企业所确定的作为自己经营对象的某些特定需要的顾客，也可以说是企业的服务对象或企业产品的销售市场。

4. 目标营销是指企业在市场细分的基础上，选择一个或若干个子市场作为目标市场，并制定相应的营销策略的过程。

5. 市场的结构吸引力是指某一市场内的经营者的数量与质量、市场的进入与退出限制、产品的性质以及市场外的产品销售与生产供应状况等因素所组成的市场结构对其赢利能力的影响与威胁程度。

6. 全球市场细分是指国际企业对全球市场进行市场细分时，以个人社会经济背景、心理特征或行为特点作为首要的划分基础。

7. 国家市场细分是指国际企业对全球市场进行市场细分时，以地理位置（国家）作为首要的划分基础，接着在不同的国家市场内，以个人社会经济背景、心理变数或行为变数进行第二次市场细分的基础。

8. 混合市场细分是兼采取全球市场细分以及国家市场细分的方法。

9. 无差异性营销策略就是企业把一类产品的整体市场看作一个大的目标市场，用一种标准化的营销组合策略，努力吸引更多顾客。

10. 差异性营销策略是指企业把一类产品的整体市场细分为若干个子市场，从中选择多数甚至全部子市场作为自己的目标市场，并为每个目标市场制定不同的市场营销组合方案。

11. 集中性营销策略就是在细分后的市场上，选择两个或少数几个细分市场作为目标市场，实行专业化生产和销售。

12. 市场定位就是确立企业及产品的整体形象在目标市场上或者说在目标顾客心目中的位置的过程。

13. 国际战略联盟是两家或两家以上企业为了相互需要、分担风险并实现共同目的而建立的一种合作关系。

14. 多数谬误是指如果同类企业都采用无差异性营销策略时必然会出现的一种情形：一方面大市场上形成激烈竞争，另一方面细小市场的需求得不到满足，这种趋势被库恩（Kuehn）和戴（Day）称为“多数谬误”。

（二）填空题

1. 市场需求总量　销售量
2. 企业的目标　发展战略
3. 市场细分　目标营销
4. 全球市场细分　国家市场细分　混合市场细分
5. 顾客　销售市场
6. 目标市场　消费者群体
7. 市场细分　目标市场
8. 目标市场　细分市场
9. 细分市场的规模与发展前景　细分市场的结构吸引力　公司的目标和资源
10. 公司的实力
11. 现有的竞争者　潜在的竞争者　替代品　购买者与供应商讨价还价能力
12. 现存　潜在

13．实体品　资本

（三）单项选择题

1．D。理由：消费者市场细分的地理标准是指按消费者所在的地理位置来细分市场，如按某地区、某省、某市，南方、北方，城市、农村等来细分。美国的报纸有些是全国性报纸，如《华尔街日报》；有些是地区性报纸，地区性报纸只有在这个地区才销售，报纸内容有相当多的当地新闻。

2．B。理由：消费者市场的细分标准有五个：①地理标准；②人口标准；③心理标准；④性格标准；⑤行为标准。生活方式属于行为标准，家庭规模属于人口标准，城市农村属于地理标准，个性属于性格标准。

3．A。理由：按收入水平细分市场属于人口细分的一种。

4．C。理由：采用集中性市场策略，能集中优势力量，提供最佳服务，提高企业和产品的知名度；由于生产和营销的集中性，使企业经营成本降低。这是大部分中小型企业常采用的策略。而无差异市场营销、差异市场营销通常为大企业所采用，统一市场营销不是一种营销战略。

5．B。理由：差异性营销策略是指企业把一类产品的整体市场细分为若干个子市场，从中选择多数甚至全部子市场作为自己的目标市场，并为每个目标市场制定不同的市场营销组合方案。其优点是能满足不同消费者的不同要求，增强企业的竞争能力，扩大销售额，提高市场占有率。其缺点是由于产品和促销方式的差异化，增加了管理难度，提高了生产和销售费用。目前只有力量雄厚的大公司采用这种策略。

6．A。理由：无差异性营销策略，就是企业把一类产品的整体市场看作一个大的目标市场，用一种标准化的营销组合策略，努力吸引更多顾客。这是一种求同存异的营销策略，旨在通过大规模的生产和经营，产生规模经济效益，降低生产和营销成本。其优点是能够有效降低成本，获得规模经济效益。

7．B。理由：差异性营销策略是指企业把一类产品的整体市场细分为若干个子市场，从中选择多数甚至全部子市场作为自己的目标市场，并为每个目标市场制定不同的市场营销组合方案。其优点是能满足不同消费者的不同要求，增强企业的竞争能力，扩大销售额，提高市场占有率。在成熟期，市场竞争异常激烈，采用该战略可有效提高企业的竞争力。

8．A。理由：美国市场学家麦卡锡在20世纪60年代初首先提出了目标市场这一概念，并明确指出具有特定需求的消费者群体就是目标市场。这一理论的创立，为现代盛行的目标市场营销奠定了基础，成为企业制定营销战略不可缺少的一个组成部分。

9．A。理由：市场是指现实的和潜在的购买者，是由人组成的，因此人口是构成市场最主要的因素，人口和产品销售有着很密切的关系。

10．A。理由：活泼或外向型等属于人的性格范畴。

11．C。理由：以行为标准细分市场，即以使用时机、使用次数、使用的用途等来细分市场。机票及旅馆住宿的费用，在旺季及淡季时的价格不同，这是利用时机来细分市场。

12．C。理由：地理因素、人口因素相同的消费者对同一产品的爱好和态度也会截然不同，这主要是由于心理因素的影响。心理因素主要包括购买动机、个人偏好。如就生活方式而言，可将世界妇女市场分成朴素型市场、时髦型市场、新潮型市场、保守型市场、有男子气概型市场等五种类型。

13. B。理由：采用人口标准细分市场时，消费者由于年龄、性别、职业、教育、宗教等不同，其消费需求也会表现出不同的特点。如以性别为标准，可将世界香水市场分为男用香水市场和女用香水市场；以年龄为标准，一般的女装可分为童装、少女装及淑女装。

（四）多项选择题

1. ABCDE。理由：消费者市场的细分标准有五个：①地理标准。指按消费者所在的地理位置来细分市场，如按某地区、某省、某市，南方、北方，城市、农村等来细分。②人口标准。消费者由于年龄、性别、职业、教育、宗教等不同，其消费需求也会表现出不同的特点。③心理标准。心理因素主要包括购买动机、个人偏好。④性格标准。性格包括个性外向或内向、追求独立或愿意依赖、生性乐观或易于悲观等。⑤行为标准。以使用时机、使用次数、使用的用途等来细分市场。

2. AC。理由：消费者市场的细分标准有五个：①地理标准。指按消费者所在的地理位置来细分市场，如按某地区、某省、某市，南方、北方，城市、农村等来细分。②人口标准。消费者由于年龄、性别、职业、教育、宗教等不同，其消费需求也会表现出不同的特点。③心理标准。心理因素主要包括购买动机、个人偏好。④性格标准。性格包括个性外向或内向、追求独立或愿意依赖、生性乐观或易于悲观等。⑤行为标准。以使用时机、使用次数、使用的用途等来细分市场。而生产者市场的细分标准有三个：①用户要求。②用户规模。③地理位置。对比可见，产业市场特有的细分标准有两个：用户要求和用户规模。

3. ABCD。理由：市场细分应坚持的原则有：①可衡量性；②可进入性；③有实效性；④相对稳定性。而可实践性不在其列。

4. ABCDE。理由：三种目标市场策略各有利弊。选择目标市场时，必须考虑企业面临的各种因素和条件，如企业规模和原料的供应、产品类似性、市场类似性、产品寿命周期、竞争的目标市场等。

5. ABCD。理由：企业对各个细分市场进行分析评价时，必须了解它们的潜在需求、竞争状况、竞争趋势、赢利的可能性等，并结合企业本身的资源、实力，最后确定最有利于企业的细分市场作为目标市场。

（五）判断题

1. 错误。理由：一个有效的细分市场，必须具有实用价值。企业在市场细分时，必须考虑经细分后的市场的容量是否能保证企业获得足够的经济效益，是否能使企业有利可图。如果过度细分，就会导致细分市场容量太小，销量有限，反而得不偿失。

2. 正确。理由：一个有效的细分市场，必须具有实用价值。实行市场细分，既不能过粗，忽视消费者需要与消费行为的差别，又不能过细，使细分市场窄小，影响企业经济效益。

3. 正确。理由：经市场细分后的目标市场，应该可以接近这些消费者以从事各种行销活动，使这些消费者能够购买本公司的产品。如果无法接近或不易接近这些消费者，则此种市场细分也不可行。例如，在香烟市场上，很多国家不准刊登香烟广告，因此以内向的中年男子为市场的香烟，在行销上实在难以接近这些消费者。

4. 正确。理由：因为企业的资源是有限的，任何企业都没有足够的资源来满足整个市场的需求，何况并不是所有的子市场对企业都有吸引力，因而只有扬长避短，找到有利于发挥本企业现有的人、财、物优势的目标市场，才能发挥聚焦效应，获得最大的经济效益。

5. 正确。理由：理想的细分市场是，同一个细分市场内消费者的行为极其类似，而不同的细分内消费者的行为完全不同。因为只有这样，才能达到细分的目的。

6. 正确。理由：最佳的细分市场是那些具有适度的市场规模、广阔的发展前景、较强的结构吸引力，同时又符合企业的目标与发展战略的市场。如果只在前几个方面具有优势，但不符合企业的目标与战略，一般的情况下也只好割舍放弃。适合自己的市场才是好市场。

7. 正确。理由：并不是细分市场的销售量越大越好，这里的关键是销售量要同公司的实力相称。对于一个实力雄厚的大公司来说，则需要一个销售量达到一定规模的细分市场，但这个细分市场则不适于一个小公司。

8. 正确。理由：所谓市场定位，就是确立企业及产品的整体形象在目标市场上或者说在目标顾客心目中的位置的过程。当许多竞争对手同时存在于同一目标市场时，运用市场定位策略便能把本企业及其产品与竞争对手区别开来，在目标顾客心目中树立良好的整体形象。注意，定位不是对产品做什么，而是对潜在消费者的心做什么。定位不是要如何去开发和生产产品，而是要如何去掌握消费者的心，让他的心来认定产品。

9. 错误。理由：所谓市场定位，就是确立企业及产品的整体形象在目标市场上或者说在目标顾客心目中的位置的过程。当许多竞争对手同时存在于同一目标市场时，运用市场定位策略便能把本企业及其产品与竞争对手区别开来，在目标顾客心目中树立良好的整体形象。注意，定位不是对产品做什么，而是对潜在消费者的心做什么。定位不是要如何去开发和生产产品，而是要如何去掌握消费者的心，让他的心来认定产品。

10. 错误。理由：并不是细分市场的销售量越大越好，这里的关键是销售量要同公司的实力相称。对于一个实力雄厚的大公司来说，则需要一个销售量达到一定规模的细分市场，但这个细分市场则不适于一个小公司。

（六）简答题

1. 答：一个有效的细分市场，必须具有实用价值。为此，市场细分应坚持以下原则：①可衡量性；②可进入性；③有实效性；④相对稳定性。

2. 答：国际市场细分的方法可分为全球市场细分、国家市场细分和混合市场细分等三种方法。全球市场细分是指国际企业对全球市场进行市场细分时，以个人社会经济背景、心理特征或行为特点作为首要的划分基础；国家市场细分是指国际企业对全球市场进行市场细分时，以地理位置（国家）作为首要的划分基础，接着在不同的国家市场内，以个人社会经济背景、心理变数或行为变数进行第二次市场细分的基础；混合市场细分是兼采取全球市场细分以及国家市场细分的方法。采取全球市场细分的国际企业寻求不同国家间消费者的相同点；国家市场细分是以国家作为市场细分的首要划分基础，在各国市场内，再进行第二次市场细分。

3. 答：在判断市场细分是否理想时，应重点考察以下几点：①同一细分内消费者的行为是否相同，不同细分内消费者的行为是否不同。②细分市场是否足够大。③细分市场内的消费者是否具有可接近性。

4. 答：国际市场细分的作用主要表现在以下几个方面：①有利于企业发现新的市场机会；②有利于企业制定适当的营销方案；③有利于企业扬长避短，获得竞争优势。

5. 答：之所以要开展目标营销，是因为企业的资源是有限的，任何企业都没有足够的资源来满足整个市场的需求，何况并不是所有的子市场对企业都有吸引力，因而只有扬长避短，找到有利于发挥本企业现有的人、财、物优势的目标市场，才能发挥聚焦效应，获得最大的经济效益。

6. 答：对细分市场的评估，是一个涉及主观与客观多方面因素的复杂问题。西方营销学通常从三个方面对不同的细分市场进行评估，它们是细分市场的规模与发展前景、细分市场的结构吸引力、公司的目标和资源。

7. 答：目前西方主要是从现有的竞争者、潜在的竞争者、替代品、购买者与供应商讨价还价能力四个方面对某一细分市场的结构吸引力进行分析。①现有竞争者的威胁。如果某一细分市场内没有竞争对手或对手较少，而且实力不强，那么这一细分市场的吸引力就大。②潜在竞争者的威胁。如果某一细分市场开始时竞争者较少，但是一旦市场形成，马上就会有许多竞争者进入，那么这个市场的吸引力就不大。对于潜在竞争者进入状态进行分析的关键是看该市场进入与退出的限制程度。③替代产品的威胁。现存与潜在的替代品会影响细分市场的赢利能力。④购买者与供应商讨价还价能力提高形成的威胁。购买者与供应商讨价还价能力的大小直接影响着细分市场的经营成本与赢利水平。如果其讨价还价能力大，细分市场的吸引力就小，反之则大。

8. 答：企业主要从两方面分析市场内的现有与将来可能出现的替代品：①分析现有的替代品的销量与市场份额对产品的威胁程度；②密切关注与自己产品有关的科技发展动向，预测新的替代品上市的时间以及市场销售前景。

9. 答：无差异性营销策略，就是企业把一类产品的整体市场看作一个大的目标市场，用一种标准化的营销组合策略，努力吸引更多的顾客。这是一种求同存异的营销策略，旨在通过大规模的生产和经营，产生规模经济效益，降低生产和营销成本。其优点是能够有效降低成本，获得规模经济效益；缺点是如果同类企业也采用这种策略时，必然会出现这么一种情形：一方面大市场上形成激烈竞争，另一方面细小市场的需求得不到满足，这种趋势被库恩（Kuehn）和戴（Day）称为“多数谬误”。

10. 答：差异性营销策略是指企业把一类产品的整体市场细分为若干个子市场，从中选择多数甚至全部子市场作为自己的目标市场，并为每个目标市场制定不同的市场营销组合方案。其优点是能满足不同消费者的不同要求，增强企业的竞争能力，扩大销售额，提高市场占有率。其缺点是由于产品和促销方式的差异化，增加了管理难度，提高了生产和销售费用。目前只有力量雄厚的大公司采用这种策略。

11. 答：集中性营销策略就是在细分后的市场上，选择两个或少数几个细分市场作为目标市场，实行专业化生产和销售，在个别少数市场上发挥优势，提高市场占有率。其优点是能集中优势力量，提供最佳服务，提高企业和产品的知名度；由于生产和营销的集中性，使企业经营成本降低。但采用该策略的企业也面临较大的经营风险。因此，许多中小企业为了分散风险，仍应选择一定数量的细分市场作为自己的目标市场。

12. 答：采用竞争定位法对市场进行定位时必须考虑以下条件：

（1）企业的生产技术、质量水平比竞争者强，能生产出比竞争者更好的产品。

（2）市场潜力和市场容量必须能够容纳两个或两个以上的竞争者。

（3）企业有足够的实力，当这类产品价格调整（降价）时，企业产品仍能适应。

13. 答：采用补缺定位法对市场进行定位时必须考虑以下条件：

（1）开发此新产品，必须具有足够的市场容量，即有足够需求量的确定的消费者。

（2）企业开发补缺产品，必须具有生产技术，经济合理。

（3）企业开发的补缺产品与竞争品相比，必须具有明显的差异性。

（七）论述题

1. [答案要点] ①地理标准。指按消费者所在的地理位置来细分市场，如按某地区、某省、某市，南方、北方，城市、农村等来细分。②人口标准。人口是构成市场最主要的因素，人口和产品销售有着很密切的关系。所以，人口是极其重要的市场细分标准。由于消费者不同，其消费需求也会随年龄、性别、职业、教育、宗教等表现出不同的特点。③心理标准。地理因素、人口因素相同的消费者对同一产品的爱好和态度也会截然不同，这主要是由于心理因素的影响。心理因素主要包括购买动机、个人偏好。④性格标准。性格包括个性外向或内向、追求独立或愿意依赖、生性乐观或易于悲观等，这些因素都会影响到需求的差异。⑤行为标准。以行为标准细分市场，即以使用时机、使用次数、使用的用途等来细分市场。

2. [答案要点] 国际市场的进入方式主要有：出口进入方式、合同进入方式、投资进入方式、国际战略联盟。这些方式主要差异在于：出口进入方式输出的是实体品；合同进入方式输出的是技术、服务、管理经验及营销诀窍等；投资进入方式输出的则是资本；国际战略联盟的特点是与目标国的伙伴企业优势互补。

上述四种进入方式，实际上代表了国际营销从低到高的四个主要阶段，它们应用的目的和条件各不相同。出口进入方式，基本由处于国际营销初始阶段的企业采用，带有不稳定和多变的特征；合同进入方式则前进了一步，有意识、有步骤、有针对性地在国际市场充分发挥企业的经营优势，回避国际贸易壁垒，但基本上不涉及国际营销中关键的股权问题；投资进入方式属高级阶段，国际化经营企业在对象国市场上参与要素活动，瓜分国际市场，以使货币资本和技术资本获得更广阔的运作舞台；只有国际化很成熟的企业才采用国际战略联盟的方式，在竞争激烈的国际市场上，企业之间协同竞争，实现优势互补。

（八）案例分析

［答案要点］

案例 5－1

1. ①“小灵通”的市场潜力巨大；②进行了明确的市场细分和定位；③制定了正确的营销策略。

2. 根据下述四个标准细分：

（1）年龄。“小灵通”用户的年龄趋向年轻化，其中，在 25～35 岁年龄段就占了 47.3%，这就要求，应将宣传的重点放在中青年身上。

（2）文化程度和月收入。“小灵通”的主要用户群是普通消费者，因此对“小灵通”的消费潮流应引导为一种大众化消费。

（3）职业。国企职工、个体户、教师和学生（高校生）三部分所占比例最大，因此要以国企职工、私营个体业主、高校市场作为“小灵通”的目标顾客群。

（4）使用。用户在购买“小灵通”时考虑较多的是通话性能，因此不能把“小灵通”定位于“低质低价”，而应该为“物美价廉”，争取做到“中质低价”甚至“优质低价”。

3. 通过恰当的市场细分发现市场，通过明确的市场定位锁定市场，通过正确的营销策略开拓市场。

案例 5－2

1. 可以认为是快速成长期，因为导入期已经结束了，现在有两家竞争对手，竞争环境发生了很大的变化。也可以认为是市场动荡期，由于新产品、新公司的进入，市场竞争加剧、不确定性加强，市场中出现很多条条块块，存在很多细分市场，这些可看作是动荡期的特征之一。但肯定不是成熟期。

2. 在产品进入成熟期前应该采用漫天撒网的市场策略，在产品周期的早期，销售员并不知道哪些顾客才是真正的目标客户，只好广泛撒网，经过一段时间后，当市场逐渐出现细分特征，企业就可以采取有的放矢的战略。

3. 西方营销学通常从三个方面对不同的细分市场进行评估，它们是细分市场的规模与发展前景、细分市场的结构吸引力、公司的目标和资源。

案例 5－3

1. 及时调整经营目标，积极目标市场营销。

2. 消费者市场的细分标准有五个：①地理标准。指按消费者所在的地理位置来细分市场，如按某地区、某省、某市，南方、北方，城市、农村等来细分。②人口标准。消费者由于年龄、性别、职业、教育、宗教等不同，其消费需求也会表现出不同的特点。③心理标准。心理因素主要包括购买动机、个人偏好。④性格标准。性格包括个性外向或内向、追求独立或愿意依赖、生性乐观或易于悲观等。⑤行为标准。以使用时机、使用次数、使用的用途等来细分市场。案例中该厂是采用行为标准来对市场进行细分的，根据用途将电子琴分为三类。

3. 可供选择的目标营销策略有三种：无差异性营销策略、差异性营销策略和集中性营销策略。案例中该厂采用的是集中性营销策略，只是选择中小学、幼儿园教学用电子琴作为目标市场。集中性营销策略的优点是能集中优势力量，提供最佳服务，提高企业和产品的知名度；由于生产和营销的集中性，使企业经营成本降低。但采用该策略的企业也面临较大的经营风险。

案例 5 - 4

1. 调整目标市场，以青年为主要销售对象，针对青年人的特点开发产品，商品突出“美姿和流行”的特色。

2. 贝尼公司在经营过程中采取的是目标市场营销策略。实行该策略需要做好以下几步：①市场细分与评估；②目标市场选择；③市场定位。

案例 5 - 5

1. 该公司进行市场细分的细分变量主要是地理标准和人口标准里的年龄变量。其他可供选择的变量还有心理标准、性格标准和行为标准。

2. 根据中国市场的特点，公司选择的最大子市场应该是 35 岁以上的女性化妆品市场，因为这个年龄最怕衰老，而且购买力较强。

（九）实践活动

［要点提示］

实践 5 - 1

建议选择所在区域内自己比较熟悉或常用的一种产品作为实践的主题，比如学生牛奶、面包店等，最好能在学校附近或通过其他什么途径进入某一企业进行实质性的分析，在进行市场细分的时候要注意市场细分的基本原则，市场细分主要采用的方法有哪些，明确定位时要回答的问题以及制定定位策略的步骤、定位工具等。

通过自己的细分、定位及其市场策略选择结果，与企业实际的定位及所采取的市场策略进行对比，分析各自所站的角度和分析的主要区别在哪里。

实践 5 - 2

在进行产品定位之前应当充分考虑市场调研报告，市场调研结果是进行市场定位的基础，是市场定位的核心。

在进行定位设计的时候要充分考虑定位的内涵，市场定位应当包括产品定位、品牌定位和企业战略定位。

在知道上述内容之后，可以根据各要素逐个分析、思考和定位。

第六章
国际市场营销竞争策略

一、练习题

（一）名词解释

1. 行业　　2. 密切替代产品　　3. 成本领先战略
4. 差异化战略　　5. 集中战略　　6. 市场领导者
7. 市场挑战者　　8. 市场追随者　　9. 市场补缺者

（二）填空题

1. 决定市场结果吸引力的五种力量是________________、________、________、________、____________。

2. ________产品指具有高度需求交叉弹性的产品。

3. 行业的一般竞争战略包括__________、_________、________。

4. 当市场需求具有较大的________时，采用成本领先战略才会更有效力。

5. 差异化战略的重点是创造被全行业和顾客都视为独特的________和________以及企业形象。

6. 保持产品的差异化往往以________为代价，因为企业需要进行广泛的研究开发、产品设计、高质量原料和争取顾客支持等工作。

7. 企业要想取得产品差异，有时要放弃获得____________的目标。

8. 产品质量是指产品满足人们需要的效用程度，即________、________和________等。

9. 市场补缺者追求补缺地位的主要策略是________，即公司必须在市场、顾客、产品或渠道等方面实行________。

10. 市场领导者欲扩大市场份额时应考虑________、营销组合和反垄断法三项因素。

11. 市场挑战者选择进攻战略应遵循________原则，将优势兵力集中到关键的时刻和地点打击对手的薄弱环节。

12. 采用________战略的市场追随者在实力壮大后有可能成为市场挑战者。

13. 通过寻找和攻击对手的弱点，在挑战者的进攻战略中属于________。

14. 市场补缺者的主要任务有__________、扩大补缺市场、保护补缺市场三项。

15. 市场挑战者攻击市场领导者________，但潜在利益也大。

(三) 单项选择题

1. 成本领先战略的优点在于（　　）。
A. 投资比较小　　B. 易于保持原有优势
C. 创新后劲足　　D. 具有低成本优势
2. 成本领先战略适用于（　　）产品。
A. 个性化　　B. 标准化
C. 价格弹性小的　　D. 差异化途径多的
3. 差异化战略适用于（　　）产品。
A. 标准化　　B. 同质
C. 个性化　　D. 价格弹性小的
4. 产品差异化战略的优点在于（　　）。
A. 低成本　　B. 低价格
C. 较高的市场占有率　　D. 顾客的忠诚度较高
5. 市场领导者扩大市场需求总量的方法有（　　）。
A. 维持产品的声望　　B. 保持市场占有率
C. 开发产品的新用途　　D. 提高市场占有率
6. 在对方进攻自己之前，公司先发制人抢先发动攻击的防御策略是（　　）。
A. 阵地防御　　B. 收缩防御
C. 先发防御　　D. 运动防御
7. 企业在提高市场占有率时要考虑的因素不包括（　　）。
A. 反垄断法　　B. 营销组合策略
C. 经济成本　　D. 产品创新
8. 市场挑战者在几个战线发动全面攻击，迫使对手在正面、侧翼和后方同时全面防御的进攻策略是（　　）。
A. 正面进攻　　B. 侧翼进攻
C. 围堵进攻　　D. 游击进攻
9. 市场挑战者最有效和最经济的进攻策略是（　　）。
A. 正面进攻　　B. 侧翼进攻
C. 围堵进攻　　D. 游击进攻
10. 市场追随者可采用追随策略不包括（　　）。
A. 紧密跟随　　B. 有选择的跟随
C. 有距离的跟随　　D. 伪造和仿制名牌
11. 占有最大的市场份额，在价格变化、新产品开发、分销渠道建设和促销战略等方面对本行业其他公司起着领导作用的竞争者，被称为（　　）。
A. 市场领导者　　B. 市场补缺者
C. 市场追随者　　D. 市场挑战者
12. 市场总需求扩大时受益最多的是（　　）。

A. 市场挑战者　　B. 市场追随者
C. 市场领导者　　D. 市场补缺者

13. 有能力对市场领导者采取攻击行动，有望夺取市场领导者地位的公司属于（　　）。

A. 市场追随者　　B. 市场挑战者
C. 市场补缺者　　D. 好竞争者

14. 市场追随者在竞争战略上应当（　　）。

A. 攻击市场领导者　　B. 向市场领导者挑战
C. 跟随市场领导者　　D. 不作出任何竞争反应

15. 市场补缺者发展的关键是实现（　　）。

A. 多元化　　B. 避免竞争
C. 紧密跟随　　D. 专业化

（四）多项选择题

1. 成本领先战略的缺点在于（　　）。

A. 投资较大　　B. 易忽略顾客需求
C. 创新后劲不足　　D. 原有优势被削弱

2. 市场领导者为维护市场优势采用的策略有（　　）。

A. 维护高质量品牌的声望　　B. 保持市场占有率
C. 扩大市场需求总量　　D. 提高市场占有率

3. 市场挑战者的主要进攻战略目标包括（　　）。

A. 攻击市场领导者
B. 攻击市场补缺者
C. 攻击规模相同但资金不足、经营不佳的公司
D. 攻击市场跟随者
E. 攻击区域性小型企业

4. 市场补缺者的作用是（　　）。

A. 拾遗补缺　　B. 有选择地跟随市场领导者
C. 见缝插针　　D. 攻击市场追随者
E. 打破垄断

5. 市场补缺者的主要风险是（　　）。

A. 找不到补缺市场　　B. 受到竞争者攻击
C. 自身利益弱小　　D. 补缺市场本身枯竭
E. 专业化

6. 市场领导者扩大总需求的途径有（　　）。

A. 攻击挑战者　　B. 开发新用户
C. 击倒补缺者　　D. 寻找产品新用途
E. 增加使用量

7. 产品差异化战略的缺点在于（　　）。

A．高成本　B．高价格
C．放弃高市场占有率的目标　D．边际收益较低
8．亚军公司可以选择的竞争定位有（　　）。
A．市场领导者　B．市场追随者
C．市场挑战者　D．市场补缺者
9．一个理想的补缺市场具有（　　）特征。
A．有足够的市场潜量和购买力
B．市场有发展潜力
C．对主要竞争者不具有吸引力
D．企业已在顾客中建立起良好的信誉
10．市场补缺者追求补缺地位的主要策略是专业化，它包括在（　　）方面的专业化。
A．市场　B．产品
C．促销　D．渠道
E．顾客

（五）判断题

1．低成本战略是一种重要而有效的竞争战略，可以在任何情况下适用。（　　）
2．将过多的注意力集中在生产成本上，可能导致企业忽视顾客需求特性和需求趋势的变化，忽视顾客对产品差异的兴趣。（　　）
3．集中战略的重点是创造被全行业和顾客都视为独特的产品和服务以及企业形象。（　　）
4．并非所有的顾客都愿意或能够支付产品差异所形成的较高价格。（　　）
5．产品差异化战略和高市场占有率目标并不是矛盾的。（　　）
6．在选择市场补缺点时，多个补缺点比单一补缺点更能减少风险。（　　）
7．集中战略尤其适用于中小企业，在小市场做成大生意，成为“小型巨人”。（　　）
8．一般来说企业可以同时采用成本领先战略和产品差异化战略。（　　）
9．在同一市场的演进中，有时会出现成本领先战略和产品差异化战略交替进行的现象。（　　）
10．大多数行业都有一家企业被公认为市场领导者，它既是市场竞争的导向者，也是竞争者挑战、效仿或回避的对象。（　　）
11．阵地防御，即在现有市场周围建立防线，是一种静态的消极的防御形式。（　　）
12．有距离的跟随者通常会成长为未来的市场挑战者。（　　）
13．通过扩大总需求，市场挑战者往往受益最多。（　　）
14．市场领导者要保护市场份额，就必须正面攻击市场挑战者。（　　）
15．选择挑战战略应遵循“游击攻击”原则。（　　）
16．采用追随战略要冒很大的风险。（　　）
17．理想的补缺市场要有足够的市场潜量和购买力。（　　）

（六）简答题

1. 采用成本领先战略的适用条件是什么？
2. 成本领先战略有什么优点？
3. 成本领先战略有什么缺点？
4. 差异化战略的适用条件是什么？
5. 差异化战略有什么优点？
6. 差异化战略有什么缺点？
7. 集中战略具有什么优势？
8. 按不同的竞争地位，市场营销者可以分为哪些类型？
9. 市场领导者可以通过哪些策略来维持自己的优势？
10. 市场领导者的防御战略有哪些？
11. 市场挑战者的进攻战略有哪些？主要的进攻对象是哪些？
12. 市场追随者有哪些可供选择的追随战略？
13. 理想的补缺市场具有什么特征？

（七）案例分析

案例6-1：米勒公司的竞争策略

20世纪70年代，美国啤酒业为少数大公司所把持，市场领导者是安修索·布希公司的“百威”啤酒和“麦可龙”啤酒以及佩斯特蓝带啤酒。虽然竞争激烈，但是各啤酒公司的营销手段都没有很大的差别，都将消费者看成没有什么差别的整体，用单一的产品和广告向所有的消费者推销。市场份额仅占6%、排名第八的美国米勒啤酒公司通过市场调查发现，啤酒饮用者按照使用率可分为轻度使用者和重度使用者两类，轻度使用者人数众多，但总的饮用量只有重度使用者的1/8。米勒公司的首要产品“海雷夫”啤酒虽然在消费者中知名度很高，但是仅限于妇女和高收入者等轻度使用者购买。为了扩大市场份额，他们决定把销售重点转向重度使用者。通过研究他们发现重度使用者多属于蓝领阶层，年龄在30岁左右，每天看电视3.5小时以上，爱好体育运动。米勒啤酒公司根据这些特征设计了一些年轻人喜爱的紧张激动的广告画面，并请来著名篮球明星做广告。几年之后，“海雷夫”啤酒在美国的市场份额已经升至第二位。米勒啤酒公司还开发了一个被整个啤酒行业忽视然而有巨大潜力的品种——淡啤酒，这种适应了保护健康、减少热量、追求清淡的世界性潮流的啤酒一经问世就取得了极大的成功，成为米勒公司的主要产品。

请问：

根据案例，分析米勒公司的竞争策略及其成功的原因。

案例6-2：亚马逊书店的崛起

几年前，美国的巴诺公司和博德图书连锁店相互竞争，看谁能建立最大的图书馆，一个图书阅览者能够找到舒服的沙发，一边看书一边喝咖啡的地方。然而，正当这些大书店考虑在他们的咖啡厅里用什么存放书时，杰弗里·贝左斯建立了一个名叫亚马逊在线的网上帝国。贝左斯富有创新精神的网上书店具有这样的优势，即在不需要建立图书库存目录的情况下，向读者提供无限制的图书选择。亚马逊网上书店如今成了全球最大的网络书店。

请问：

亚马逊书店取得成功的原因何在？

案例 6－3：亨氏和亨特

亨氏食品公司是世界著名的食品供应商。它的产品主要包括调味品和餐食两大类。其竞争对手亨特公司在番茄酱市场上对它进行了大规模的攻击，但亨氏公司并没有作很多的反击。亨特公司用两种新口味的番茄酱进攻亨氏公司，在价格上比亨氏公司的产品低30%，它向零售商提供高额贸易折扣，它的广告预算是亨氏的 2 倍以上。在这场进攻中，亨特公司投入了大量的金钱，但该战略失败了，亨氏公司的品牌继续得到了消费者的偏爱。最后，亨特公司只能放弃进攻。很显然，亨氏公司对本公司品牌的最终优势具有充分的信心。

请问：

亨氏公司采用了什么防御策略？

案例 6－4：百事可乐公司的收购

1998 年夏天，百事可乐公司向果汁的大生产商特罗比加娜公司支付了 33 亿美元的巨款。与碳酸饮料不同，果汁市场容易受到气候和收成条件的影响，并且产品容易变质使转运非常不易。作为世界上最大的果汁公司，特罗比加娜公司被百事可乐公司作为它与可口可乐公司竞争中的强有力的新式武器。在 30 亿美元的橙汁市场中，42% 的份额被可口可乐公司米纽特—玛特公司占领，特罗比加娜仅仅占了 24% 的市场份额。这次收购使百事可乐至少有了一种对付可口可乐公司的方法。

请问：

面对可口可乐，百事可乐公司采用了什么进攻方式？

案例 6－5：柯达与富士

早在 100 多年前，伊斯曼·柯达以其容易使用的照相机、高质量胶卷和巨大的利润而闻名。但在过去的 10 年中，由于遭到剧烈的竞争，柯达的销售平平并且利润下降。柯达的竞争对手主要来自于日本公司，它们引入和改进了 35 毫米的照相机、摄像机和快速冲洗胶卷工作室。然而，当富士进攻柯达的主要产品——彩色胶卷时，柯达认真地应战了。

当富士进入美国胶卷市场时，它以比柯达低 10% 的价格供应高质量的彩色胶卷，同时还打击柯达的高速胶卷市场。富士的销售额每年的增加率为 20%。柯达激烈地反击以保护其在美国的胶卷市场份额。它针对富士的低价，进行一系列的产品改进。柯达在广告投放和促销费用上大大超过富士，比例为 20∶1。柯达成功地捍卫了它在美国的地位。在 20 世纪 90 年代早期，柯达在美国的市场份额稳定在极高的 80%。

然而，柯达进一步采取行动，进入日本市场：它在日本建立了独立的分公司，其日本职员增加了 3 倍；它买下了日本分销商并组成它自己的日本营销和销售队伍；它投资一个新技术中心和日本的研究设施；最后，柯达还大量增加了在日本的促销和公共宣传活动。

柯达在直接向日本市场进攻中也获得了好处。首先，日本提供了巨大的市场，创造了巨大的销售额和利润；其次，今天新照相技术的原产地在日本，日本帮助柯达获得了最新的技术；再次，在日本的独资与合资企业帮助柯达了解了日本的制造工艺，并为它在美国和世界其他市场获得了产品。柯达进攻日本市场收获的一个更重要的好处是：富士为了防御柯达的进攻，必须在日本国内投入巨大的资源，导致它在美国向柯达进攻的资源减少了，这大大降低了柯达在美国市场的竞争压力。

请问：

面对富士的挑战，柯达采用了什么措施应对？它的成功说明了什么问题？

（八）实践活动

目的与要求

1. 通过对国际市场营销竞争策略的理解，能结合实际情况加以应用。

2. 掌握国际市场营销竞争策略的设计。

材料

国际市场营销竞争策略的种类一般情况下有如下几种：

（1）市场领导者策略。包括：①扩大总市场；②保护市场占有率；③扩大市场占有率。

（2）市场挑战者策略。包括：①确定策略目标与竞争对手。②选择进攻策略：正面进攻、侧翼进攻、包围进攻、绕道进攻、游击进攻。③可供挑战者选择的进攻策略：价格折扣策略、廉价品策略、声望产品策略、产品线扩展策略、产品创新策略、改进服务策略、分销创新策略、降低制造成本策略、密集广告促销策略。

（3）市场追随者策略。包括：①仿制者；②紧跟者；③有限模仿者；④改进者。

（4）市场补缺者策略。包括：①最终用户专家；②纵向产品专家；③顾客规模专家；④特定顾客专家；⑤地理区域专家；⑥产品或产品线专家；⑦产品特色专家；⑧定制专家；⑨品质价格专家；⑩服务专家；⑪渠道专家。

实践内容

创立于1901年的美国吉列公司，之所以能够创造100年来始终傲立剃须刀市场峰巅、占据高达70%市场份额的经营奇迹，其秘诀就在于其不断推陈出新，用新产品来加快老产品的淘汰更新步伐。吉列主导世界机械剃须刀市场的主导思想是：自己淘汰自己，让所有的消费者使用设计越来越精良的产品。1962年，英国威金森公司推出不锈刮胡刀，寿命是吉列刮胡刀的3倍。虽然威金森公司由于缺乏持续发展的经济资源，最后并没有威胁到吉列公司，但是这个教训惊醒了吉列，让吉列公司决心不惜牺牲既有的产品来创新。1972年，吉列公司推出双刀头刮胡刀，眼看着双刀头刮胡刀逐步打败自己原来的产品。1977年，当双刀头刮胡刀仍是主流产品时，吉列又推出了旋转式刀头刮胡刀。1989年，吉列又推出感应式刮胡刀，这个创新之举，真正让刮胡子成为享受。不论在什么时候，吉列都规划着至少20样产品，每天都有200名员工亲自测试新的刮胡技术，吉列公司就是以自己不断打败自己写成的成功史。

实践

1. 根据班级实际情况采取以分组讨论的形式进行，各小组将讨论结果汇总，根据汇总结果由科代表或老师分析各小组对竞争策略理解的差异进行分析。

2. 根据营销竞争策略知识，分析美国吉列公司采取是哪一种营销竞争策略。

3. 根据营销竞争策略知识，分析你所在学校各学生饭堂之间的竞争是采取哪一种竞争策略。

二、参考答案

（一）名词解释

1. 行业（Industry）是指一组生产一种或一类彼此可以密切替代的产品的公司。

2. 密切替代产品是指具有高度需求交叉弹性的产品，即如果某种产品价格上涨（或下跌）引起另一种产品的需求增加，则这两种产品为密切替代产品。

3. 成本领先战略是指通过采取有效途径，使企业的全部成本低于竞争对手的成本，以获得同行业平均水平以上的利润的战略。

4. 差异化战略是指为使企业产品与竞争对手产品有明显的区别、形成与众不同的特点而采取的战略。

5. 集中战略是指企业把经营的重点目标放在某一特定购买者集团、某种特殊用途的产品或某一特定地区上，以建立企业的竞争优势及其市场地位的做法。

6. 市场领导者指占有最大的市场份额，在价格变化、新产品开发、分销渠道建设和促销战略等方面对本行业其他公司起着领导作用的公司。

7. 市场挑战者指在行业中占据第二位及以后位次，有能力对市场领导者和其他竞争者采取攻击行动，希望夺取市场领导者地位的公司。

8. 市场追随者指那些在产品、技术、价格、渠道和促销等大多数营销战略上模仿或跟随市场领导者的公司。

9. 市场补缺者指专门为规模较小的或大公司不感兴趣的细分市场提供产品和服务的公司。

（二）填空题

1. 潜在的新参加的厂商　替代产品　购买方　供应方　行业现有的竞争者

2. 密切替代

3. 成本领先战略　差异化战略　集中战略

4. 价格弹性

5. 产品　服务

6. 高成本

7. 较高市场占有率

8. 产品功能　耐用性　附加值

9. 专业化　专业化

10. 经济成本

11. 密集

12. 选择跟随

13. 侧翼进攻
14. 创造补缺市场
15. 风险大

（三）单项选择题

1. D。理由：①要想在本行业中获得竞争优势，不管企业面临多么强大的竞争势力，价格低廉总是一个重要且有利的资源。②成本领先战略具有投资较大、原有优势被削弱、顾客需求易被忽略和创新后劲不足的缺点。

2. B。理由：低成本战略是一种重要而有效的竞争战略，但也不是在任何情况下都能适用的。只有当具备以下条件时，采用成本领先战略才会更有效力：①市场需求具有较大的价格弹性。②所处行业的企业大多生产标准化产品，从而使价格竞争决定企业的市场地位。③实现产品差异化的途径很少。④多数客户以相同的方式使用产品。⑤用户购物从一个销售商改变为另一个销售商时不会发生转换成本，因而特别倾向于购买价格最优惠的产品。

3. C。理由：差异化战略的适用条件包括：①有多种使产品或服务差异化的途径，而且这些差异化是被某些用户视为有价值的。②消费者对产品的需求是不同的。③奉行差异化战略的竞争对手不多。

4. D。理由：（1）实行差异化战略是利用了顾客对其特色的偏爱和忠诚，由此可以降低对产品的价格敏感性，使企业避开价格竞争，在特定领域形成独家经营的市场，保持领先地位。（2）顾客对企业（或产品）的忠诚度形成了强有力的进入障碍，进入者要进入该行业则需花很大气力去克服这种忠诚度。（3）产品差异化战略的缺点有：①保持产品的差异化往往以高成本为代价，因为企业需要进行广泛的研究开发、产品设计、高质量原料和争取顾客支持等工作。②并非所有的顾客都愿意或能够支付产品差异所形成的较高价格。③企业要想取得产品差异，有时要放弃获得较高市场占有率的目标，因为它的排他性与高市场占有率是矛盾的。

5. C。理由：市场领导者应努力从以下三个方面扩大市场需求量：①发掘新的使用者；②开发产品新用途；③扩大产品的使用量。

6. C。理由：先发防御（Preemptive Defense）是指在对方进攻自己之前，公司先发制人抢先发动攻击。具体做法有：当竞争者的市场占有率达到某一危险的高度时发动攻击，或者是对市场上的所有竞争者全面攻击，使对手产生人人自危的压力。

7. D。理由：企业在提高市场占有率时应考虑以下三个因素：①引起反垄断诉讼的可能性；②经济成本；③企业在争夺市场占有率时所采用的营销组合策略。

8. C。理由：围堵进攻是一种全方位、大规模的进攻策略，它在几个战线发动全面攻击，迫使对手在正面、侧翼和后方同时全面防御。

9. B。理由：侧翼进攻不是指在两个或更多的公司之间浴血奋战来争夺同一市场，而是要在整个市场上更广泛地满足不同的需求。因此，它最能体现现代市场营销观念，即“发现需求并且满足它们”。同时，侧翼进攻也是一种最有效和最经济的策略，较正面进攻有更多的成功机会。

10. D。理由：市场追随者可以采取三种跟随策略：①紧密跟随；②有距离的跟随；

③调整者（Adapter），即有选择的跟随。

11. A。理由：市场领导者（Market Leader），是指在相关产品的市场上市场占有率最高的企业。一般说来，大多数行业都有一家企业被公认为市场领导者，它既是市场竞争的导向者，也是竞争者挑战、效仿或回避的对象，在价格变化、新产品开发、配销覆盖和促销强度方面处于主导地位。

12. C。理由：一般来说，当一种产品的市场需求总量扩大时，由于市场领先者公司在生产和经营上都具有实力，因而成为受益最大的企业，因为该市场领先者生产了某种产品的大部分。

13. B。理由：在行业中占有第二、三名等次要地位的企业通常称为亚军公司或追随者公司。这些亚军公司对待当前的竞争情势有两种态度：一种是向市场领导者和其他竞争者发动进攻，以夺取更大的市场占有率，这就是市场挑战者（Market Challenger）；另一种是维持现状，避免与市场领导者和其他竞争者引起争端，被称为市场追随者（Market Follower）。

14. C。理由：并非所有在行业中处于第二位的公司都会向市场领导者挑战。因为这种挑战可能会遭到领导者的激烈报复，非但徒劳无益，甚至危及自身生存。因此，除非挑战者能够在某些方面赢得明显优势——如实现产品重大革新或是销售有重大突破，否则它们宁愿追随领导者，也不愿对领导者发动贸然袭击。这种效仿领导者为市场提供类似产品的市场跟随战略被称为“自觉并存（Conscious Parallelism）”状态，它使行业市场占有率保持相对的稳定。

15. D。理由：市场补缺者追求补缺地位的主要策略是专业化，即公司必须在市场、顾客、产品或渠道等方面实行专业化。

（四）多项选择题

1. ABCD。理由：成本领先战略的缺点包括：①投资较大；②原有优势被削弱；③顾客需求易被忽略；④创新后劲不足。

2. ABCD。理由：市场领导者为了维护自己的市场优势，保持自己的领导地位，通常会采取下列四种策略：①维护高质量品牌的声望；②扩大市场需求总量；③保持市场占有率；④提高市场占有率。

3. ACE。理由：一般说来，挑战者可以选择以下三种公司作为攻击对象：①攻击市场领导者；②攻击规模相当者；③攻击区域性小型企业。

4. AC。理由：几乎每个行业都有一些小企业，它们不愿意在大市场上做追随者，而在小市场上通过专业化经营成为领先者，获取最大限度的收益，或者致力于被大企业忽略的某些细分市场，占据有利的市场位置，即“利基”（Niche）作为市场补缺者要完成三个任务：创造补缺市场、扩大补缺市场、保护补缺市场。

5. BD。理由：市场补缺者要承担的较大风险是补缺市场本身可能会枯竭或受到攻击，因此，在选择市场补缺点时，多个补缺点比单一补缺点更能减少风险，增加保险系数，以确保企业的生存和发展。

6. BDE。理由：市场领导者应努力从以下三个方面扩大市场需求量：①发掘新的使用者；②开发产品新用途；③扩大产品的使用量。

7. ABC。理由：产品差异化战略的缺点包括：①保持产品的差异化往往以高成本为代价，因为企业需要进行广泛的研究开发、产品设计、高质量原料和争取顾客支持等工作。②并非所有的顾客都愿意或能够支付产品差异所形成的较高价格。③企业要想取得产品差异，有时要放弃获得较高市场占有率的目标，因为它的排他性与高市场占有率是矛盾的。

8. BC。理由：在行业中占有第二、三名等次要地位的企业通常称为亚军公司或追随者公司。其中有许多发展规模相当可观的大公司，例如汽车行业的福特公司、软饮料行业的百事可乐公司等。这些亚军公司对待当前的竞争情势有两种态度：一种是向市场领导者和其他竞争者发动进攻，以夺取更大的市场占有率，这就是市场挑战者（Market Challenger）；另一种是维持现状，避免与市场领导者和其他竞争者引起争端，被称为市场追随者（Market Follower）。

9. ABCD。理由：一般来说，一个理想的补缺市场具有以下几个特征：①有足够的市场潜量和购买力；②市场有发展潜力；③对主要竞争者不具有吸引力；④企业具备有效地为这一市场服务所必需的资源和能力；⑤企业已在顾客中建立起良好的信誉，足以对抗竞争者。

10. ABDE。理由：市场补缺者追求补缺地位的主要策略是专业化，即公司必须在市场、顾客、产品或渠道等方面实行专业化。具体策略包括以下10种：①最终用户专业化；②垂直层次专业化；③顾客规模专业化；④特定顾客专业化；⑤地理区域专业化；⑥产品或产品线专业化；⑦客户订单专业化；⑧质量与价格专业化；⑨服务项目专业化；⑩分销渠道专业化。

（五）判断题

1. 错误。理由：低成本战略是一种重要而有效的竞争战略，但也并不是在任何情况下都能适用的。只有当具备以下条件时，采用成本领先战略才会更有效力：①市场需求具有较大的价格弹性。②所处行业的企业大多生产标准化产品，从而使价格竞争决定企业的市场地位。③实现产品差异化的途径很少。④多数客户以相同的方式使用产品。⑤用户购物从一个销售商改变为另一个销售商时不会发生转换成本，因而特别倾向于购买价格最优惠的产品。

2. 正确。理由：成本领先战略的缺点之一就是顾客需求易被忽略。将过多的注意力集中在生产成本上，可能导致企业忽视顾客需求特性和需求趋势的变化，忽视顾客对产品差异的兴趣。

3. 错误。理由：集中战略是企业把经营的重点目标放在某一特定购买者集团、某种特殊用途的产品或某一特定地区上，以建立企业的竞争优势及其市场地位。

4. 正确。理由：产品差异化战略的缺点包括：①保持产品的差异化往往以高成本为代价，因为企业需要进行广泛的研究开发、产品设计、高质量原料和争取顾客支持等工作。②并非所有的顾客都愿意或能够支付产品差异所形成的较高价格。③企业要想取得产品差异，有时要放弃获得较高市场占有率的目标，因为它的排他性与高市场占有率是矛盾的。

5. 错误。理由：企业要想取得产品差异，有时要放弃获得较高市场占有率的目标，因为它的排他性与高市场占有率是矛盾的。

6. 正确。理由：市场补缺者要承担的较大风险是补缺市场本身可能会枯竭或受到攻击，因此，在选择市场补缺点时，多个补缺点比单一补缺点更能减少风险，增加保险系数，以确保企业的生存和发展。

7. 正确。理由：集中战略尤其适用于中小企业，即小企业可以以小补大，以专补缺，以精取胜，在小市场做成大生意，成为“小型巨人”。

8. 错误。理由：成本领先战略和产品差异化战略存在不同的管理方式和开发重点，有着不同的企业经营结构，反映了不同的市场观念，一般来说不能同时采用这两种战略。

9. 正确。理由：在同一市场的演进中，有时会出现两种竞争战略交替进行的现象。比如为了竞争及生存的需要，企业往往以产品差异化战略排头，使整个市场的需求动向发生变化；随后其他企业纷纷效仿和跟进，使差异化产品逐渐丧失了差异化优势，最后变为标准产品；此时企业采用成本领先战略，努力降低成本，使产品产量达到规模经济，提高市场占有率来获得利润。

10. 正确。理由：一般说来，大多数行业都有一家企业被公认为市场领导者，它既是市场竞争的导向者，也是竞争者挑战、效仿或回避的对象，在价格变化、新产品开发、配销覆盖和促销强度方面处于主导地位。

11. 正确。理由：阵地防御是防御的基本形式，即在现有市场周围建立防线，是一种静态的消极的防御形式。

12. 错误。理由：调整者，即有选择的跟随。一方面紧跟领导者，另一方面又自行其是。并不盲目地跟随，而是择优跟随，在跟随的同时还要发挥自己的独创性，但不进行直接的竞争。他们通常会成长为未来的市场挑战者。

13. 错误。理由：一般来说，当一种产品的市场需求总量扩大时，由于市场领先者公司在生产和经营上都具有实力，因而成为受益最大的企业，因为该市场领先者生产了某种产品的大部分。

14. 错误。理由：处于市场领导地位的企业在努力扩大整个市场规模时，必须注意保护自己现有的业务，防范竞争对手的攻击。市场领导者如何防御竞争者的进攻呢？最有建设意义的答案是不断创新。

15. 错误。理由：确定战略目标和进攻对象之后，挑战者要考虑进攻的策略问题。进攻的总原则是要求将优势兵力集中到关键的时刻和地点打击对手的薄弱环节。

16. 错误。理由：在市场竞争中，产品模仿和产品创新一样有利可图。因为一种新产品的开发和商品化要投入大量资金，也会冒着很大的市场风险，所以说要取得市场领导者的地位是有代价的。而其他厂商仿造或改良这种产品，虽然不能取代市场领导者，但由于不用承担新产品创新费用，可同样获得很高的利润。

17. 正确。理由：一般来说，一个理想的补缺市场具有以下几个特征：①有足够的市场潜量和购买力；②市场有发展潜力；③对主要竞争者不具有吸引力；④企业具备有效地为这一市场服务所必需的资源和能力；⑤企业已在顾客中建立起良好的信誉，足以对抗竞争者。

（六）简答题

1．答：低成本战略是一种重要而有效的竞争战略，但也并不是在任何情况下都能适用的。只有当具备以下条件时，采用成本领先战略才会更有效力：①市场需求具有较大的价格弹性。②所处行业的企业大多生产标准化产品，从而使价格竞争决定企业的市场地位。③实现产品差异化的途径很少。④多数客户以相同的方式使用产品。⑤用户购物从一个销售商改变为另一个销售商时不会发生转换成本，因而特别倾向于购买价格最优惠的产品。

2．答：成本领先战略的优点有：①在与竞争对手的斗争中，企业由于处于低成本地位上，具有进行价格战的良好条件，即使竞争对手在竞争中处于只能保本不能获利的情况下，企业仍可获益。②面对强有力的购买者要求降低产品价格的压力，处于低成本地位上的企业仍可以有较好的收益。③在争取供应商的斗争中，由于企业的低成本，相对于竞争对手对原材料、零部件价格的上涨具有较大的承受能力，能够在较大的边际利润范围内承受各种不稳定经济因素所带来的影响；同时由于低成本企业对原材料或零部件的需求量大，因而为获得廉价的原材料或零部件提供了可能，同时也便于和供应商建立稳定的协作关系。④在与潜在的和新的进入者的斗争中，低成本战略常常使企业在规模经济或成本优势方面形成进入障碍，从而削弱潜在的和新进入者对低成本的威胁。⑤在与替代品的斗争中，低成本企业可用削减价格的办法稳定现有顾客的需求，使之不被替代产品所替代。当然，如果企业要较长时间地巩固企业现有竞争地位，还必须在产品及市场上有所创新。

3．答：成本领先战略的缺点有：①投资较大；②原有优势被削弱；③顾客需求易被忽略；④创新后劲不足。

4．答：差异化战略的适用条件有：①有多种使产品或服务差异化的途径，而且这些差异化是被某些用户视为有价值的。②消费者对产品的需求是不同的。③奉行差异化战略的竞争对手不多。

5．答：差异化战略的优点有：①实行差异化战略是利用了顾客对其特色的偏爱和忠诚，由此可以降低对产品的价格敏感性，使企业避开价格竞争，在特定领域形成独家经营的市场，保持领先地位。②顾客对企业（或产品）的忠诚度形成了强有力的进入障碍，进入者要进入该行业则需花很大气力去克服这种忠诚度。③产品差异可以产生较高的边际收益，增强企业对付供应者讨价还价的能力。④由于购买者别无选择，对价格的敏感度又低，企业可以运用产品差异战略来削弱购买者的讨价还价能力。⑤由于企业具有特色，又赢得了顾客的信任，在特定领域形成独家经营的市场，便可在与代用品的较量中，比其他同类企业处于更有利的地位。

6．答：差异化战略的缺点有：①保持产品的差异化往往以高成本为代价，因为企业需要进行广泛的研究开发、产品设计、高质量原料和争取顾客支持等工作。②并非所有的顾客都愿意或能够支付产品差异所形成的较高价格。同时，买主对差异化所支付的额外费用是有一定支付极限的，若超过这一极限，低成本低价格的企业与高价格差异化产品的企业相比就显示出竞争力。③企业要想取得产品差异，有时要放弃获得较高市场占有率的目标，因为它的排他性与高市场占有率是矛盾的。

7．答：实行集中战略具有以下几个方面的优势：①经营目标集中，可以集中企业所有资源于一特定战略目标之上。②熟悉产品的市场、用户及同行业竞争情况，可以全面把握市场，获取竞争优势。③由于生产高度专业化，在制造、科研方面可以实现规模效益。这种战略尤其适用于中小企业，即小企业可以以小补大，以专补缺，以精取胜，在小市场做成大生意，成为“小型巨人”。

8．答：按不同的竞争地位，市场营销者可以分为市场领导者、市场挑战者、市场追随者、市场补缺者。

9．答：市场领导者为了维护自己的市场优势，保持自己的领导地位，通常会采取下列四种策略：①维护高质量品牌的声望；②扩大市场需求总量；③保持市场占有率；④提高市场占有率。

10．答：市场领导者的防御战略有：①阵地防御；②侧翼防御；③先发防御；④反攻防御；⑤运动防御；⑥收缩防御。

11．答：市场挑战者的进攻战略有正面进攻、侧翼进攻、包抄进攻、迂回进攻和游击进攻五种。市场挑战者的攻击对象主要有市场领导者；规模相当但经营不佳、资金不足的公司；区域性小型企业。

12．答：市场追随者主要有以下战略：①紧密跟随。指跟随者尽可能地在各个细分市场和营销组合领域仿效领导者。②有距离的跟随。指跟随者在目标市场、产品创新、价格水平和分销渠道等方面都追随领导者，但仍与领导者保持若干差异。③有选择的跟随。指一方面跟随领导者，另一方面又保持清醒的头脑，在跟随的同时要发挥自己的独创性，但不进行直接的竞争。

13．答：一个理想的补缺市场具有以下几个特征：①有足够的市场潜量和购买力；②市场有发展潜力；③对主要竞争者不具有吸引力；④企业具备有效地为这一市场服务所必需的资源和能力；⑤企业已在顾客中建立起良好的信誉，足以对抗竞争者。

（七）案例分析

[答案要点]

案例 6－1

米勒公司采用了市场补缺者的竞争策略。其成功的原因在于：注重市场调查，通过分析消费者和竞争对手，寻找市场空缺，并设计针对性强的广告来宣传产品；注重新产品的开发，填补市场空缺。

案例 6－2

亚马逊书店取得成功的原因是很好地发现了市场空缺，在现实图书市场上竞争对手强大的情况下，充分利用了互联网，并开辟了一个新的购书渠道，使消费者能够足不出户即可实现购买。而很多商家往往因为太关心它们可怕的竞争对手而忽略了新技术或新的竞争对手。

案例 6－3

亨氏公司采用的是先发防御策略。由于它对本公司品牌的最终优势具有充分的信心，所以在面对对手的攻击时，沉着应战，导致亨特公司进攻代价巨大，得不偿失。

先发防御（Preemptive Defense）是指在对方进攻自己之前，公司先发制人抢先发动攻击。具体做法有：当竞争者的市场占有率达到某一危险的高度时发动攻击，或者是对市场上的所有竞争者全面攻击，使对手产生人人自危的压力。有时，这种以攻为守是着重心理作用而并不一定付诸行动，如市场领导者可能发出市场信号，迫使竞争者取消攻击。企业如果拥有强大的市场资本，如厂牌忠诚度高、技术领先等，那么面对对手的挑战，可以沉着应战，不必轻易发动进攻。

案例 6－4

百事可乐收购特罗比加娜以应对可口可乐，采用的是迂回进攻的方式。

迂回进攻（Bypass Attack）是一种最间接的进攻策略，它避开了对手的现行领域而绕过对方并攻击较容易进入的市场，由此扩大自己的资源基础。具体办法有三种：一是发展无关的产品，实行产品多元化经营；二是以现有产品进入新市场，实现市场多元化；三是通过技术创新和产品开发，以替换现有产品。

案例 6－5

面对富士的挑战，柯达公司采用了反攻防御的措施，积极地应对挑战：它针对富士的低价，进行一系列的产品改进。柯达广告和促销费用大大超过富士，比例为 20∶1。柯达成功地捍卫了它在美国的地位；并且柯达主动进攻日本市场，并获得好处。

柯达公司的成功说明：一个好的防御方法就是最有效的进攻。当市场领导者遭到对手的攻击时，不能只是被动应战而应主动反攻。一个领导者不应该在面临竞争对手降价、促销攻势、改进产品或市场渗透等进攻时陷入被动。组织反击时要了解进攻者的弱点，即找到可以进行反击的一个细分市场间隙再组织反击才最有效果。

（八）实践活动

[要点提示]

实践的目的是通过分析案例来理解各种竞争策略，通过分析、理解知道在什么情况下采取什么样的策略，能分析身边的企业（比如超市、饭店等）在市场竞争中所采取的竞争策略模式。

从材料上分析，美国吉列公司所采取的竞争策略是市场领导者和市场补缺者相结合的竞争策略。

第七章
国际产品策略

一、练习题

（一）名词解释

1. 营销组合　　2. 产品　　3. 期望产品
4. 潜在产品　　5. 品牌　　6. 商标
7. 水货　　8. 产品生命周期

（二）填空题

1. 营销组合因素包括________、________、________、________。
2. 产品的整体概念包括________、________、________三个层次。
3. 国际新产品研发模式有________和________两种。
4. 国际产品设计策略包括________和________两种。
5. 产品的品牌由________和________构成。
6. 国际市场营销学中特有的品牌策略是______________和______________。
7. 国际产品的包装策略有__________、__________、__________、__________。
8. 国际新产品研发策略有________策略和________策略。
9. 产品市场生命周期通常包括________、________、________、________四个阶段，国际产品生命周期可以分为________、________、____________三个阶段。
10. 水货的最大特点是________。

（三）单项选择题

1. 三叉星圆环是奔驰的（　　）。

A. 品牌名称　　B. 品牌标志
C. 品牌象征　　D. 品牌图案

2.（　　）是产品的最基本的层次，是顾客购买的核心内容，是购买者期望从产品中获得的基本利益和效用。

A. 期望产品　　B. 延伸产品
C. 核心产品　　D. 潜在产品

3. 附加产品是指顾客购买某类产品时，附带获得的各种（　　）的总和。
A. 功能　　B. 利益
C. 属性　　D. 用途
4. 每种产品实质上是为满足市场需要而提供的（　　）。
A. 服务　　B. 质量
C. 效用　　D. 功能
5. 在国际市场上，（　　）部分已成为企业竞争的主体战场。
A. 期望产品　　B. 附加产品
C. 核心产品　　D. 潜在产品
6.（　　）是一个具有法律意义的名词。
A. 品牌　　B. 商标
C. 品牌名称　　D. 品牌标志
7. 消费者在习惯上不苛求其品质或不易分辨其品质的产品适宜采用（　　）策略。
A. 有品牌　　B. 无品牌
C. 中间商品牌　　D. 制造商品牌
8. 采用中间商品牌的优点在于（　　）。
A. 营销成本低　　B. 利润高
C. 可以控制营销渠道　　D. 可以任意更换中间商
9. 采用个性品牌的缺点在于（　　）。
A. 风险分散　　B. 风险集中
C. 成本高　　D. 具有规模经济效益
10. 环境敏感度低的产品宜采用（　　）产品策略。
A. 个性化　　B. 创新
C. 标准化　　D. 修改
11. 使用统一品牌策略的优点在于（　　）。
A. 分散风险　　B. 利于争取市场占有率
C. 利于市场区隔　　D. 成本低
12. 采用（　　）策略，有可能导致水货的困扰。
A. 地区品牌　　B. 全球品牌
C. 个别品牌　　D. 家族品牌
13. 企业不通过自己的研究和开发，而直接从外部购买某种新技术、新工艺的使用权或某种新产品的生产权的新产品研发策略是（　　）。
A. 获取策略　　B. 内部创新策略
C. 委托创新策略　　D. 专利获取策略
14. 在（　　），因为竞争对手不多，而且需求逐渐扬升，企业有丰厚的利润。
A. 介绍期　　B. 成长期
C. 成熟期　　D. 衰退期
15. 销售量相当稳定，竞争者却相当多，利润不高的是（　　）。
A. 介绍期　　B. 成长期

C. 成熟期　　D. 衰退期

16. 我国对商标的认定坚持（　　）原则。

A. 注册在先　　B. 使用优先辅以注册优先

C. 使用在先　　D. 注册优先辅以使用优先

17. 将几种有关联的产品放置于同一容器中，便于顾客购买和使用的是（　　）。

A. 类似包装策略　　B. 附赠品包装策略

C. 配套包装策略　　D. 双重用途包装策略

18. （　　）制度，首先注册人的权利可以压倒任何其他人的权利。

A. 使用在先　　B. 注册在先

C. 使用优先辅以注册优先　　D. 注册优先辅以使用优先

19. 为了使包装成为激发顾客购买欲望的主要诱因，客观要求在包装设计中注重（　　）。

A. 差异性　　B. 安全性

C. 便利性　　D. 艺术性

20. 水货进口商主要经营的是（　　）产品。

A. 地区性知名品牌　　B. 高价

C. 低价　　D. 全球性知名品牌

（四）多项选择题

1. 整体产品概念的三个层次是指（　　）。

A. 核心产品　　B. 形式产品

C. 期望产品　　D. 附加产品

2. 采用国际标准化产品策略的优点在于（　　）。

A. 降低成本　　B. 取得规模效益

C. 树立全球统一品牌　　D. 增加产品竞争力

3. 影响产品修改的因素有（　　）等。

A. 产品的规格　　B. 文化背景

C. 消费者的需求　　D. 度量衡制度

4. （　　）产品适宜采用标准化策略。

A. 资本密集　　B. 劳动密集

C. 生命周期短的　　D. 对售后服务要求不高的

5. 采用个性品牌策略的优点在于（　　）。

A. 有利于争取市场占有率　　B. 利于市场区隔

C. 分散风险　　D. 成本低

6. 国际品牌的意义在于（　　）。

A. 识别强化企业形象　　B. 建立顾客忠诚度

C. 树立全球统一品牌　　D. 取得法律保护

7. 新产品包括（　　）。

A. 新发明的产品　　B. 改良产品

C. 革新产品　D. 新牌号的产品

8. 对于产品生命周期衰退阶段的产品，可供选择的营销策略是（　　）。

A. 集中策略　B. 扩张策略

C. 维持策略　D. 竞争策略

E. 榨取策略

9. 品牌是一个集合概念，它包括（　　）。

A. 商标　B. 包装

C. 品牌名称　D. 标签

E. 品牌标志

10. 国际上对商标权的认定，有（　　）并行的原则。

A. 注册在先　B. 象征性使用在先

C. 使用在先　D. 使用优先辅以注册优先

E. 注册优先辅以使用优先

11. 企业采用统一品牌策略，（　　）。

A. 能够吸引不同需求的消费者　B. 可降低新产品宣传费用

C. 具有规模经济效益　D. 有助于推出新产品

E. 有助于分散风险

12. 包装的营销作用主要表现在（　　）。

A. 增加美感　B. 保护商品

C. 便于携带使用　D. 促进销售

E. 增加消费者利益

13. 水货市场持续成长的原因在于（　　）。

A. 全球性品牌　B. 全球化标准包装

C. 产品价差大　D. 国外有稳定的货源

（五）判断题

1. 产品是市场营销组合中最重要的因素，其他因素如价格、分销、促销等必须以产品为基础进行决策。（　　）

2. 核心产品必须具有满足需求的基本效用或利益以及特定的形式。（　　）

3. 即便内在质量符合标准的产品，倘若没有完善的服务，实际上也是不合格的产品。（　　）

4. 在国际市场上，附加产品部分已成为企业竞争的主体战场。（　　）

5. 相对于耐用生活消费品而言，非耐用生活消费品更需要个性化。（　　）

6. 对财力不足的小公司和缺乏国际营销经验的公司而言，不宜采用制造商品牌。（　　）

7. 个性化产品策略具有适应性差的缺点，难以满足世界各国（地区）人们不同的需求，从而失去市场机会。（　　）

8. 企业不能同时采用制造商品牌和中间商品牌。（　　）

9. 采用个性品牌策略可以分散风险，但具有高成本的缺点。（　　）

10. 产品市场生命周期的长短，主要取决于企业的人才、资金、技术等实力。(　　)

11. 不同的产品种类，其产品生命周期曲线的形态亦不相同。(　　)

12. 生命周期很短的产品，宜采取标准化策略以利迅速回收所投入的成本。(　　)

13. 新产品处于导入期时，竞争形势并不严峻，而企业承担的市场风险却最大。(　　)

14. 企业产品进入成熟期时，虽然销售增长缓慢，但销售额已达到最高值，显然利润额肯定是最大值。(　　)

15. 品牌经注册后（即商标）享有专用权，避免伪劣产品冒牌行为，保护企业正当的合法权益。(　　)

16. 继续生产已处于衰退期的产品，企业无利可图。(　　)

17. 一旦新产品市场试销成功，则意味着新产品能迅速被消费者接受，企业能获得丰厚的利润。(　　)

18. 家族品牌具有规模经济效益，可有效降低营销费用。(　　)

19. 采取全球性品牌有利于避免水货的干扰，避免某些品牌名称翻译成当地语言时产生不良影响，但也有营销成本较高的缺点。(　　)

20. 联想电脑中的“联想”二字是品牌名称。(　　)

21. 商品包装既可以保护商品在流通过程中品质完好和数量完整，同时，还可以增加商品的价值。(　　)

（六）简答题

1. 如何理解营销学中的整体产品概念？
2. 在国际产品设计策略上，采用标准化产品策略有什么优缺点？
3. 在国际产品设计策略上，采用个性化产品策略有什么优缺点？
4. 在国外销售产品时，影响产品修改程度的因素有哪些？
5. 国际品牌具有什么意义？
6. 产品品牌的命名要遵循哪些原则？
7. 国际营销中可供选择的品牌策略有哪些？
8. 国际产品的包装应注意哪些问题？
9. 如何对抗水货？

（七）案例分析

案例7-1：摩托罗拉V998/V8088的产品策略

摩托罗拉的两款手机V988和V8088是“V”系列手机的代表，这一系列手机进入市场的四年多历程表明了公司针对V988/V8088系列的产品策略特点。

公司推出V988手机的市场背景是：摩托罗拉、诺基亚和爱立信三家公司雄居手机市场的前三位，西门子、三星等品牌还没有引人注意，而国产手机更是悄无声息。

V988款手机是公司在1999年春天推向中国市场的，其特点是：双频、体积小、大显示屏和大键盘。这些特点在市场上是绝无仅有的，再加上摩托罗拉先进的市场推广手段，很快便凭借功能和品牌，受到市场青睐。当时的市场定价是13 000元人民币左右。

伴随着新产品的推出，也产生了一系列的问题，比如手机生产工艺不成熟、原材料供应不足等。公司通过努力，使新产品的各方面情况逐渐稳定，并且新增加了“中文输入”和“录音”的功能，尤其是“中文输入”功能，深受短信息业务使用者的欢迎。此时，其市场价位也降到了7 000～8 000元。

与此同时，摩托罗拉也在发展另一款手机——V8088。它完全是基于V998设计出来的，除了具有V998的一切功能外，还有WAP上网、自编铃声、闹钟提示和来电彩灯提示等功能，从外观的曲线设计上也独具特色。与在美国设计的V998不同，V8088是在新加坡设计出来的，更符合亚洲人的审美观点，公司的策略也是只将这款手机投放在亚洲市场。

1999年伴随着新千年钟声的敲响，中国的手机市场刮起了“手机上网”的旋风。而号称“摩托罗拉网上通”的V8088恰好选择在此时推向市场，风靡一时，售价达到8 000元以上，比同期的V998高出了2 000元。以V998/V8088为代表的“V”系列手机属于公司四类产品特色中的“时尚型”，其市场目标是成功人士和一些追求时尚的人们。

风光了近半年以后，随着摩托罗拉以及其他公司的一些新产品的推出，V998/V8088系列手机开始逐渐离开高端市场的位置，其市场价格都降到了4 000元以下。同时，WAP上网的狂热逐渐冷却，V8088的价格也只比同期的V998高出不到1 000元。价格的降低非常有效地刺激了市场，这两款手机的市场需求量大大提高。从2000年第三季度起，V998/V8088系列手机成为摩托罗拉的主打产品，其需求量在公司手机产品中名列第一。然而，伴随着V998/V8088需求的大幅度上升，又产生了一系列质量问题。在全国的许多地方，消费者手中的产品发现有倒屏、显示不全或黑屏的现象。由于问题的突发性和数量较大、地域较广，而公司的售后服务没有跟进，致使福建、浙江、四川和贵州等地出现了消费者拒绝购买V998/V8088手机的情况，这两款手机遭受了沉重打击，并可能会影响到后续的V60、V66等还在试制阶段的系列手机。因此，公司采取了断然措施，紧急招回有问题的手机，妥善处理，向消费者真诚道歉。接下来，公司经过努力，发现了产品本身缆线上的设计缺陷，及时予以纠正，终于挽回了市场，V998/V8088系列手机市场第一的位置又失而复得。此时的产品价位已经降至2 000～2 700元，这个大众化的价位再度刺激了消费需求，使得产品的市场需求旺盛，同时也为后续产品的研发和成长提供了有利的条件。

接下来，伴随着市场的激烈竞争，这一系列的手机已定位于中低档价位，稳定在1 500～1 700元。这款手机轻巧且功能齐全，依然受到消费者的喜爱。此外，这一系列手机的工艺已经发展成熟，质量和服务稳定。因此，功能价位和质量等多方面的特点使得这一系列的手机仍然在市场上有比较重要的地位。

值得关注的是，现在的手机市场竞争异常激烈，该系列的手机不断降价，2002年2月，在天津V998的市场定价为1 700元，但是到了10月，就已经降至1 300元了。同时，手机市场已经开始向2.5G和3G发展，新的GPRS和CDMA取代GSM是一种发展趋势。因此，尚处在GSM时代的V998/V8088系列手机相对来说也进入了产品的衰退阶段。按照公司的产品策略，这一系列手机将在一年左右的时间淡出市场。

请问：

分析摩托罗拉公司在产品各市场寿命周期采用的市场营销策略。

案例7－2：斯沃琪手表

瑞士斯沃琪手表在消费者心目中代表着“高质量、风格和时尚”。它不断设计、创新，每年都推出两款限量的时尚手表。只有斯沃琪俱乐部成员有权竞价购买它们。斯沃琪每次限量销售4万只，但收到的订单却来自于10万人以上，它只能通过抽签的形式来挑选4万名幸运者购买该手表。限量促销和不断的设计创新使消费者的兴趣达到顶峰。

请问：

斯沃琪手表的成功给我们什么启示？

案例7－3：如果欧洲统一电压

欧洲各国因为电压和电波不同，采用的标准不一，以致各国使用的插头各不相同。电气制造商菲利普公司为了服务欧洲市场就必须提供13种电熨斗，原因就在于欧洲没有相应的统一标准。电熨斗的两端装满适合各个国家的不同插头，有些插头有三个叉，有些有两个；有些叉是直的，有些是斜的，有些是圆的，有些是长方形的；有的厚，有的薄，有的带套；插头的面有圆形、方形、五边形和六边形；有些插头是孔状，有些是凸出的；法国插头像钥匙孔，英国插头配有保险丝。

由于缺乏统一的欧洲标准而增加的成本估计在600亿～800亿美元之间，或相当于欧盟商品和服务产值的3%。

请问：

菲利普公司在欧洲市场上只能采用什么产品策略？这种产品策略有什么优缺点？

案例7－4：家乐福的无品牌商品

在20世纪70年代早期，法国巨型超市家乐福在其商店推出一系列“无品牌”商品。未注册产品通常是无品牌、包装简易、不太昂贵的普通商品，如食用油、餐巾纸以及水果罐头等。它们提供标准质量或者较低质量的产品，其售价比在全国范围内做广告的品牌产品低20%～40%，低于有专属标记品牌产品的10%～20%。这些产品之所以售价较低，是因为使用的产品配料质量较低，用于产品的标签和包装费用较少，以及产品的广告宣传费用压到了最低限度。

请问：

无品牌策略有什么优缺点？它适宜什么产品？

案例7－5：凯悦和马利奥特

凯悦和马利奥特都经营旅馆。凯悦的名字出现在各种旅馆中，如凯悦胜地、凯悦摄政管辖、凯悦套房和凯悦公园。马利奥特与此相反，它的各家旅馆分别称为马利奥特侯爵式、马利奥特、常居旅馆、庭院和集市式旅店。对凯悦的顾客来说，只看名字很难了解凯悦的各家旅馆，而马利奥特很清楚地对不同需求进行定位，为它们都建立了品牌名称和形象，让客户一目了然。

请问：

凯悦和马利奥特分别采用了什么品牌策略？它们各有什么优缺点？

（八）实践活动

目的与要求

1. 掌握品牌、商标的有关知识。
2. 掌握新产品开发的策略。

实践 7－1：商标设计与新产品开发方案制定

某环保设备厂是从事现代实验装备的研究、生产的专业厂家，主要产品有大中专院校生物化学实验装备用废水处理、垃圾回收等环保设备室。近几年来，为全国很多大中专院校设计安装了 3 000 多个实验室及装备室，由于其产品质量过硬，受到客户的好评。但因该厂的“阳光”牌商标尚未注册，其产品在国内尚没有很高的知名度。

实践

根据以上资料，运用本章所学的知识，请为该厂的产品设计一个商标，并制定一套新产品开发方案。

实践 7－2：产品策略的设计

三星的国际化之路起步于其国内市场的生产和销售。初始阶段，三星公司通过合资合作和签订 50 多个生产许可协议的方式获得生产技能。20 世纪 80 年代，在为欧美大型零售商从事贴牌生产的同时，三星开始出口自有品牌产品，但价格比日本和美国公司的同类产品低很多。随着公司国际化程度的不断提高，三星先后在美国、德国、英国和澳大利亚等地设厂，创立海外销售网络和生产基地。三星通过广泛的市场和客户调研，了解国际市场需求和产品发展趋势。三星十分注重产品研发，不断加大研发投入，取得技术的领先优势。到 90 年代初，三星自行研制的数字化电器，极大地提升了其品牌的知名度。90 年代末，为实现创立全球品牌的目标，三星投资 10 亿美元广告费（包括赞助奥运会），进行品牌塑造和推广。三星还同美国最大的电讯公司之一 SPRINT 结成战略合作伙伴，推出系列新产品。据统计，1996 年至 2000 年，三星在研发领域的投资达到 70 亿美元，占其销售额的 5%。2001 年仅品牌宣传广告一项就支出 4 亿美元。三星十分注重专业化经营，将产品定位于专业类电子产品而不是普通类家电产品。

今天三星公司是世界级的家电企业，年销售额达到 330 亿美元，其中一半产品销往欧美市场。美国一家权威品牌策略和设计咨询公司 2003 年的一项调查显示，三星品牌的价值为 108 亿美元，比 2002 年增长 31%，排名全球第 25 位。

实践

根据以上资料，运用产品策略知识分析三星产品策略的设计思路。

二、参考答案

（一）名词解释

1. 营销组合是指企业可以控制的各种营销因素的综合运用。
2. 产品是能够给购买者带来任何有形和无形利益的载体，是能满足购买者需求与欲望的物体与服务。

3. 期望产品是指顾客在购买产品时期望获得的属性和条件。

4. 潜在产品是指企业通过某种产品可能向顾客提供的所有属性。

5. 品牌是指产品的名称、标志、符号或设计，用以识别一个或一些销售者的产品或服务，避免与竞争者所提供的产品或服务发生混淆。

6. 商标是一个具有法律意义的名词，是产品品牌和品牌标志在政府有关部门登记注册之后，获得专用权且受到法律保护的品牌或品牌的一部分，通常被称之为注册商标。

7. 水货是指未经制造商授权，却经由特殊营销通路进口而来的产品。

8. 产品生命周期是指一个产品从诞生进入市场直至衰亡，最终退出市场所持续的时间。

（二）填空题

1. 产品　渠道　定价　促销

2. 核心产品　形式产品　附加产品

3. 集权式研发　分权式研发

4. 标准化　个性化

5. 品牌名称　品牌标志

6. 地区性品牌策略　全球性品牌策略

7. 类似包装策略　配套包装策略　附赠品包装策略　双重用途包装策略

8. 获取　创新

9. 进入期　成长期　成熟期　衰退期　介绍期　成长期　成熟（标准化）期

10. 价格便宜

（三）单项选择题

1. B。理由：产品品牌由品牌名称和品牌标志两个部分组成。品牌名称是企业给自己的商品或服务起的一个名称，使自己生产或出售的商品或服务易于识别，并与竞争者生产或销售的商品或服务区别开来。品牌名称是品牌中用语言称呼的部分，品牌标志是品牌中不能直接用语言称呼但可以被识别的部分，如符号、图案及颜色等。

2. C。理由：核心产品是产品最基本的层次，是顾客购买的核心内容，是购买者期望从产品中获得的基本利益和效用。

3. B。理由：附加产品是产品带给顾客的附加利益，对产品提供安装、保证、信贷和售后服务等。

4. A。理由：按传统的观念，产品只是指有形的物品，但现代营销学是从顾客需求角度来给产品下定义的，认为产品是能够给购买者带来任何有形和无形利益的载体，是能满足购买者需求与欲望的物体与服务。它除了指具有特定物质形态和用途的商品之外，还包括了一切能满足购买者某种需要的非物质形态的服务。

5. B。理由：树立产品整体概念，有助于企业抓住消费者的核心利益，把握自己的产品策略，从各个层面上全面满足他们的需求，尤其应在附加利益上多下工夫。在国际市场上，附加产品部分已成为企业竞争的主体战场。随着竞争的加剧，许多原来作为促销功能的附加产品项目在客户眼中已经习以为常了，而且如今许多国家对有些附加产品项目作出了强制性的规定。因此企业必须在保证核心产品和有形产品的基础上，注重开发附加产品的资源。

6. B。理由：商标是一个具有法律意义的名词，是产品品牌和品牌标志在政府有关部门登记注册之后，获得专用权且受到法律保护的品牌或品牌的一部分，通常被称之为注册商标。

7. B。理由：在现实社会中所看到的无品牌产品，大多为消费者在习惯上不苛求其品质或不易分辨其品质的产品，例如大部分的农产品、水泥、砂石、白纸等物品，这些物品习惯上是分级出售，而不是靠品牌促销。

8. A。理由：对生产者而言，使用国外中间商品牌有下列的优点：营销成本较低，可迅速进入国外市场。但也有缺点：利润低，不能控制国外营销通路，中间商可任意更换供货商。

9. C。理由：采用个性品牌策略，具有高成本的缺点，因为多种品牌要很多促销费用，而且在多品牌不同的包装下，包装费用也上升。

10. C。理由：进入外国市场时，企业面临着截然不同的经济、政治、文化、地理及社会环境。某些产品在不同的环境下，并不需要大幅度修改，甚至不需修改（即采用标准化产品策略），我们称为该产品的环境敏感度较低。

11. D。理由：家族品牌又称为统一品牌，指企业对各种产品都使用统一品牌。家族品牌具有规模经济效益，可有效降低营销费用。但是同一品牌的产品不方便既走高价位，又走低价位，而且风险很集中。

12. B。理由：采用全球品牌能降低营销成本，易于建立品牌形象；但缺点也不少，主要在于全球品牌名称翻译成当地语言时可能招致误解，此外，也不利于各国之间进行市场区分，还可能面临水货的困扰。

13. A。理由：获取策略指企业不通过自己的研究和开发，而直接从外部购买某种新技术、新工艺的使用权或某种新产品的生产权。

14. B。理由：依照产品销售量的多寡，产品生命周期可分为介绍期、成长期、成熟期及衰退期等四个阶段。在介绍期时，由于产品刚上市，销售量偏低，不但需要大量的广告以增强产品的知名度，而且还需要负担巨额的研发费用及生产成本，因此可能会发生亏损；进入成长期以后，因为竞争对手不多，而且需求逐渐扬升，因此企业有丰厚的利润；至于在成熟期，由于销售量已经相当稳定，竞争者却相当多，故利润不高；进入衰退期时，消费者的需求已经减少，故利润微薄。

15. C。理由：依照产品销售量的多寡，产品生命周期可分为介绍期、成长期、成熟期及衰退期等四个阶段。在介绍期时，由于产品刚上市，销售量偏低，不但需要大量的广告以增强产品的知名度，而且还需要负担巨额的研发费用及生产成本，因此可能会发生亏损；进入成长期以后，因为竞争对手不多，而且需求逐渐扬升，因此企业有丰厚的利润；至于在成熟期，由于销售量已经相当稳定，竞争者却相当多，故利润不高；进入衰退期时，消费者的需求已经减少，故利润微薄。

16. A。理由：大多数国家，如德、法、意、日、墨西哥、东欧国家采用的是“注册在先”的制度。在中国，也是实行这一原则。

17. C。理由：配套包装策略是将几种有关联的产品放置于同一容器中，便于顾客购买和使用，配套包装还有利于企业以新产品带动老产品，以短线带动长线。

18. B。理由：大多数国家，如德、法、意、日、墨西哥、东欧国家采用的是“注册在先”的制度。首先注册人的权利可以压倒任何其他人的权利。

19. D。理由：精美的包装可以引发消费者对产品的兴趣，因而包装的设计应该注重艺术性。

20. D。理由：全球性的知名品牌产品是水货进口商的主要目标。瑞士的劳力士表（Rolex）和日本的精工表（Seiko）经常充斥在各国的水货市场上。

（四）多项选择题

1. ABD。理由：从整体产品的概念出发，产品可分解为三个层次：核心产品、形式产品、附加产品。

2. ABC。理由：采用国际标准化产品策略，能够大幅度降低成本，取得规模经济，树立全球统一的品牌和形象。此外，还能够满足顾客流动性的需要，方便消费者使用，增加消费者对该产品的忠诚度。

3. ABCD。理由：影响产品修改的因素主要有以下几个方面：①产品规格及度量衡制度；②文化背景；③消费者的需求；④地理环境；⑤政府的规定；⑥竞争者的影响。

4. AC。理由：国际标准化产品具有规模经济的优点。一般而言，资本密集的产品，如电脑和汽车，其固定成本比重较高，在大量标准化生产的情况下，有明显的规模经济；相反，劳动力密集的产品，如服装和食品，在变动成本（人工成本）比重较高的情况下，并无显著的规模经济；生命周期很短的产品，宜采取标准化策略以利迅速回收所投入的成本；愈需要售后服务的产品，愈适合采取较为标准化的产品策略；反之，不需要售后服务的产品，则可考虑较大幅度的产品修正。

5. ABC。理由：公司采用个性品牌策略，有利于争取市场占有率，因为公司产品的品牌愈多，愈容易被消费者选上。公司也可以采取一种品牌走高级化路线，另一种品牌走大众化路线。而且一种品牌一旦出事，不易影响到另一品牌，故可以分散风险。但是采用个性品牌策略，具有高成本的缺点，因为多种品牌需要很多促销费用，而且在多品牌不同的包装下，包装费用也上升。

6. ABD。理由：国际品牌的具体意义表现在：①识别强化企业形象；②建立顾客忠诚度；③取得法律保护。

7. ABCD。理由：新产品大体包括四类：一是新发明的产品，市场上没有相同或类似的产品；二是革新或改良后的产品；三是模仿其他企业所推出的产品，对该公司而言是新产品，不过对市场而言则并不是新产品；四是新牌号的产品。

8. ACE。理由：对于产品生命周期衰退阶段的产品，可以采用的营销策略有：①集中策略，即把资源集中使用在最有利的细分市场、最有效的销售渠道和最易销售的品种、款式上。②维持策略，即保持原有的细分市场，沿用过去的营销组合策略，把销售维持在一个低水平上。等到适当的时机，便停止该产品的经营，退出市场。③榨取策略，即大大降低销售费用，以增加眼前利润，这样做，销售量可能迅速下降，因而通常作为停产前的过渡策略。

9. CE。理由：产品品牌由品牌名称和品牌标志两个部分组成。

10. AC。理由：由于各国的商标法不同，进行国外商标注册的程序和方法也不同。大多数国家，如德、法、意、日、墨西哥、东欧国家采用的是“注册在先”的制度。美国、泰国、菲律宾等国家采用“使用在先”制度。

11. BCD。理由：家族品牌具有规模经济效益，可有效降低营销费用。特别是在某品牌已有良好声誉的情况下，可以很容易地用它推出新产品。但是同一品牌的产品不方便既走高价位，又走低价位，而且风险很集中。

12. BCDE。理由：在营销学上，包装有保护产品、保护消费者、便利携带使用、吸引消费者的注意以及增加消费者的利益等五种功能。

13. ABCD。理由：水货市场之所以持续成长，主要是基于下列三个原因：①全球性品牌与全球标准化包装；②产品的价差较大；③水货进口商容易在国外找到稳定的货源。

（五）判断题

1. 正确。理由：营销组合是指企业可以控制的各种营销因素的综合运用。这些因素主要包括：产品、渠道、定价和促销。产品是企业生命的源泉。国际市场营销策略组合(4P's)中，产品处于核心地位。离开了产品，渠道、促销和定价便失去了意义；企业要在竞争激烈的国际市场上具备竞争优势，最根本的是要推出具有竞争力的优质产品，并不断进行产品改良或创新。

2. 错误。理由：核心产品是产品最基本的层次，是顾客购买的核心内容，是购买者期望从产品中获得的基本利益和效用。形式产品是产品的基本形态，是核心产品的具体表现形式。

3. 正确。理由：现代营销学是从顾客需求角度来给产品下定义的，认为产品是能够给购买者带来任何有形和无形利益的载体，是能满足购买者需求与欲望的物体与服务。它除了指具有特定物质形态和用途的商品之外，还包括了一切能满足购买者某种需要的非物质形态的服务。

4. 正确。理由：整体产品概念是以顾客需求为核心的现代市场营销观念。树立产品整体概念，有助于企业抓住消费者的核心利益，把握自己的产品策略，从各个层面上全面满足他们的需求，尤其应在附加利益上多下工夫。在国际市场上，附加产品部分已成为企业竞争的主体战场。随着竞争的加剧，许多原来作为促销功能的附加产品项目在客户眼中已经习以为常了，而且如今许多国家对有些附加产品项目作出了强制性的规定。因此，企业必须在保证核心产品和有形产品的基础上，注重开发附加产品的资源。

5. 正确。理由：在生活消费品中，非耐用品较耐用品更需要个性化，因为非耐用品取决于口味、习惯和习俗，这些特性在各国是不同的。

6. 正确。理由：制造商在采用自己的品牌时，需要花费大量资金在促销上，如果制造商对国外市场不熟悉，可能会发生浪费巨额营销费用却无法进入国外市场的窘境。所以对于财力不足的小公司和缺乏国际营销经验的公司而言，不宜贸然采用制造商品牌。

7. 错误。理由：标准化产品策略具有适应性差的缺点，难以满足世界各国（地区）人们不同的需求，从而失去市场机会。

8. 错误。理由：制造商品牌和中间商品牌并不是完全对立的两种策略，企业可以同时采用制造商品牌和中间商品牌。例如宏基电脑以 Acer 品牌在美国市场上销售电脑产品，同时宏基也替 IBM 生产电脑产品，再以 IBM 品牌在美国市场出售。

9. 正确。理由：公司采用个性品牌策略，一种品牌一旦出事，不易影响到另一品牌，故可以分散风险。但是采用个性品牌策略，具有高成本的缺点，因为多种品牌需要很多促销费用，而且在多品牌不同的包装下，包装费用也上升。

10. 错误。理由：产品市场寿命周期的长短主要受到科技进步、消费者需求变化和市场竞争的影响。

11. 正确。理由：并非所有产品的生命周期都如同标准模式，有些产品一上市就很快进入增长期，而没有经过介绍期的缓慢增长过程；还有些产品没有增长期，从介绍期直接进入成熟期；也有些产品的生命周期呈不规则形态。

12. 正确。理由：生命周期很短的产品，宜采取标准化策略以利于迅速回收所投入的成本；反之，生命周期很长的产品，则可考虑较大幅度地修改。

13. 正确。理由：在介绍期时，由于产品刚上市，销售量偏低，不但需要大量的广告以增强产品的知名度，而且还需要负担巨额的研发费用及生产成本，因此可能会发生亏损。

14. 错误。理由：进入成长期以后，因为竞争对手不多，而且需求逐渐扬升，因此企业有丰厚的利润；至于在成熟期，由于销售量已经相当稳定，竞争者却相当多，故利润不高。

15. 正确。理由：国际品牌的具体意义表现在三个方面：①识别强化企业形象。②建立顾客忠诚度。③取得法律保护。品牌经注册后（即商标）享有专用权，避免伪劣产品冒牌行为，保护企业正当的合法权益。

16. 错误。理由：进入衰退期时，消费者的需求已经减少，故利润微薄。

17. 错误。理由：一旦新产品市场试销成功，就可以正式批量生产，全面推出市场。这时企业就要动用大量资金，支付大量费用，而新产品投放市场的初期往往利润微小，甚至亏损。

18. 正确。理由：家族品牌又称为统一品牌，指企业对各种产品都使用统一品牌。家族品牌具有规模经济效益，可有效降低营销费用。特别是在某品牌已有良好声誉的情况下，可以很容易地用它推出新产品。

19. 错误。理由：采用全球性品牌能降低营销成本，易于建立品牌形象；但缺点也不少，主要在于全球品牌名称翻译成当地语言时可能招致误解，此外，也不利于各国之间进行市场区分，还可能面临水货的困扰。

20. 正确。理由：品牌名称是企业给自己的商品或服务起的一个名称，使自己生产或出售的商品或服务易于识别，并与竞争者生产或销售的商品或服务区别开来。品牌名称是品牌中用语言称呼的部分，如 IBM、联想都是著名电脑的品牌名称。

21. 正确。理由：在营销学上，包装有保护产品、保护消费者、便利携带使用、吸引消费者的注意以及增加消费者的利益等五种功能。

（六）简答题

1. 答：按传统的观念，产品只是指有形的物品，但现代营销学是从顾客需求角度来给产品下定义的，认为产品是能够给购买者带来任何有形和无形利益的载体，是能满足购买者需求与欲望的物体与服务。

从整体产品的概念出发，产品可分解为三个层次：核心产品、形式产品、附加产品。树立产品整体概念，有助于企业抓住消费者的核心利益，把握自己的产品策略，从各个层面上全面满足他们的需求，尤其应在附加利益上多下工夫。

2. 答：采用国际标准化产品策略的优点：能够大幅度降低成本，取得规模经济，树立全球统一的品牌和形象。此外，还能够满足顾客流动性的需要，方便消费者使用，增加消费者对该产品的忠诚度。

采用国际标准化产品策略的缺点：适应性差，难以满足世界各国（地区）人们不同的需求，从而失去市场机会。

3. 答：采用个性化产品策略，能够更好地满足不同国家（地区）的需求，增加产品的竞争力，但势必带来成本增加的缺点。

4. 答：影响产品修改程度的因素主要有以下几个方面：①产品的规模经济；②产品生命周期的长短；③产品的售后服务；④产品的环境敏感度。

5. 答：国际品牌的具体意义表现在如下三个方面：①识别强化企业形象；②建立顾客忠诚度；③取得法律保护。

6. 答：产品品牌命名时应遵循的原则有：①代表产品的利益或特性；②方便记忆、辨识或发音；③可注册登记获得法律的保障；④译成外文时不能产生误解。

7. 答：国际营销中可供选择的品牌策略有：①有品牌和无品牌；②中间商（营销者）品牌和制造商（生产者）品牌；③个性品牌和家族品牌；④地区性品牌和全球性品牌。

8. 答：国际产品的包装应注意：①各国政府的规定；②当地的经济状况；③当地的文化；④当地的气候；⑤水货的干扰。

9. 答：对抗水货可以采用以下策略：（1）在产品策略上，避免使用全球性品牌和全球性标准化包装是良好的方法。（2）在价格策略上，降低售价是另一个可行的策略。（3）在分销策略上，可以：①与既有的经销商、代理商和零售商合作，以对抗水货；②找出水货进口商的货源，并断绝其货源；③与水货业者合作，将水货业者并入经销商阵容。（4）在促销策略上，可采取广告攻势以说明水货的缺点。

（七）案例分析

[答案要点]

案例 7－1

（1）在进入期，V998 以时尚的设计、独特的功能，配合于摩托罗拉公司先进的市场推广手段，以高价成功进入市场。

（2）在成长期，产品为市场熟悉，且公司在产品设计上不断增加新的功能，以适应消费者的需要，同时降低价格吸引更多的顾客，另外，公司正视产品的质量问题，面对产品的设计缺陷，采取正确的态度和切实可行的措施，及时纠正了产品设计上的缺陷，挽回了失去的市场，使产品在成长期进一步获得市场认可，迅速成长。

（3）在 V998 进入成熟期后，摩托罗拉公司又推出更新的、功能更强大、外观更有特色的新产品 V8088，高价面世，满足高端市场的需求。

（4）随着其他公司新产品的推出，产品竞争加剧，公司采取降价措施，有效地刺激需求，将两款手机的定位降低，改变目标市场，并通过稳定的质量和完善的服务取胜。

案例 7－2

斯沃琪手表的成功在于它不仅给人们提供了高质量、时尚的产品，还满足了顾客期望体现身份和地位的尊贵的心理。

启示：企业应该树立产品整体概念，这有助于企业抓住消费者的核心利益，把握自己的产品策略，从各个层面上全面满足他们的需求，尤其应在附加利益上多下工夫。

案例 7－3

在欧洲市场，菲利普公司只能采用个性化产品策略，以适应各国的实际情况，但显然增加了不少成本。

采用个性化产品策略，能够更好地满足不同国家（地区）的需求，增加产品的竞争力，但势必带来成本的增加。

案例 7－4

家乐福在部分产品上采用了无品牌策略。无品牌具有降低营销费用的优点。由于没有品牌，厂商可以免除大量的促销和包装费用，不必在营销上花费大量成本。但是无品牌策略容易导致价格上的激烈竞争。在没有品牌的情况下，消费者难以分辨品质，以至于价格在购买决策上扮演了更加重要的角色，于是价格上的竞争就更加激烈，厂商的利润因而减少。

案例 7－5

凯悦采用的是个性品牌策略。个性品牌策略指企业对不同的产品分别使用不同的品牌，以不同的品牌显示产品的不同特色和档次。企业采用个性品牌策略，有利于争取市场占有率，因为公司产品的品牌愈多，愈容易被消费者选上。公司也可以采取一种品牌走高级化路线，另一种品牌走大众化路线。而且一种品牌一旦出事，不易影响到另一品牌，故可以分散风险。但是采用个性品牌策略，具有高成本的缺点，因为多种品牌需要很多促销费用，而且在多品牌不同的包装下，包装费用也上升。

马利奥特采用的是家族品牌策略。家族品牌又称为统一品牌，指企业对各种产品都使用统一品牌，家族品牌具有规模经济效益，可有效降低营销费用。特别是在某品牌已有良好声誉的情况下，可以很容易地用它推出新产品。但是同一品牌的产品不方便既走高价位，又走低价位，而且风险很集中。

（八）实践活动

[要点提示]

实践 7－1

企业开发新产品的过程，并没有固定的模式或统一的程序。但一般的新产品开发都是分阶段、分步骤进行的，大致包括以下几个具体步骤。①制定新产品战略计划；②新产品构思；③新产品筛选；④制定规划或建立项目；⑤开发；⑥投放市场。

开发过程中主要关注的是产品背景（为什么要开发此产品，此产品有何卖点等）、产品定位（同类产品有什么竞争对手，开发的产品希望达到什么水平、产品目标市场、主要适用人群等）、产品预期性能（新产品要达到的主要质量指标、营养指标及消费者使用指南等）、成本预算、开发时间计划、人员安排、收益分析如何。

实践 7－2

产品是企业营销活动的核心。产品策略是企业市场营销活动的支柱和基石，是价格策略、分销策略和促销策略的基础。产品策略的涵盖面比较广，包括产品的设计、质量、品牌、商标设计等。从以上案例分析三星的整体产品策略走的是一条高质量、专业化、品牌化、大众化的设计思路。

第八章
国际定价策略

一、练习题

（一）名词解释

1．成本导向定价法　　2．竞争导向定价法　　3．顾客导向定价法
4．撇脂定价策略　　5．渗透定价策略　　6．FOB 出厂价定价法

（二）填空题

1．企业的定价目标主要有＿＿＿＿、＿＿＿＿、＿＿＿＿、＿＿＿＿等。

2．在国际营销成本中＿＿＿＿、＿＿＿＿、＿＿＿＿等占有较大比重。

3．国际市场竞争结构可以划分为＿＿＿＿、＿＿＿＿、＿＿＿＿、＿＿＿＿四种情况。

4．国际营销定价的基本方法可以分为＿＿＿＿、＿＿＿＿、＿＿＿＿三种类型。

5．成本导向定价法有＿＿＿＿、＿＿＿＿、＿＿＿＿三种方法。

6．竞争导向定价法主要包括＿＿＿＿和＿＿＿＿两种方式。

7．顾客导向定价法主要包括＿＿＿＿和＿＿＿＿两种方式。

8．地区定价策略主要有＿＿＿＿、＿＿＿＿、＿＿＿＿、＿＿＿＿、＿＿＿＿等。

9．企业在国际市场上提价的原因主要有＿＿＿＿、＿＿＿＿、＿＿＿＿。

（三）单项选择题

1．企业出于对目标市场的国家政治形势和经济形势复杂多变等原因的考虑，往往在已知产品成本的基础上，为产品确定一个最高价格。此时企业采用的定价目标是（　　）。

A．应对市场竞争　　B．当期利润最大化
C．最大销售成长　　D．产品质量最优化

2．产品的最低价格取决于该产品的（　　）。

A．市场需求状况　　B．市场竞争结构
C．成本费用　　D．关税

3．产品的最高价格取决于该产品的（　　）。

A. 市场需求状况　　B. 市场竞争结构

C. 成本费用　　D. 关税

4. 价格主要取决于市场供求状况的是（　　）。

A. 垄断竞争市场　　B. 完全竞争市场

C. 寡头垄断竞争市场　　D. 完全垄断市场

5. 由（　　）负责定价决策，公司总部既可对子公司的定价保持一定的控制，子公司又可有适当的自主权以保证其产品价格适应当地市场环境。

A. 公司总部　　B. 东道国子公司

C. 总部和子公司　　D. 以上三个都不对

6. 按照单位成本加上一定百分比的加成来制定产品销售价格的定价方法称为（　　）定价法。

A. 成本加成　　B. 目标

C. 认知价值　　D. 心理导向

7. 企业根据顾客对商品价值的认识理解和需求程度来推定产品到底值多少钱，然后再推算出产品在其他环节的销售价格的定价方法是（　　）。

A. 随行就市定价　　B. 差别定价

C. 反向定价　　D. 投标定价

8. 投标过程中，投标商对其价格的确定主要是依据（　　）制定。

A. 市场需求　　B. 企业自身的成本

C. 对竞争者的报价估计　　D. 边际成本

9. 某公司准备向市场推出一种新的专利产品，它最可能采用（　　）方法。

A. 渗透定价　　B. 心理定价

C. 撇脂定价　　D. 差别定价

10. 企业在新产品上市初期，为了有效地抑制竞争者加入，其定价策略较宜采用（　　）。

A. 撇脂定价　　B. 渗透定价

C. 统一定价　　D. 浮动定价

11. （　　）是企业把销售市场划分为若干区域，对于不同区域的顾客，分别制定不同的地区价格。

A. FOB 原产地定价　　B. 分区定价

C. 统一交货定价　　D. 基点定价

12. 为鼓励顾客购买更多物品，企业给那些大量购买产品的顾客的一种减价称为（　　）。

A. 功能折扣　　B. 数量折扣

C. 季节折扣　　D. 现金折扣

13. 如果企业按 FOB 价出售商品，那么产品从产地到目的地发生的一切损失都将由（　　）来承担。

A. 企业　　B. 顾客

C. 承运人　　D. 保险公司

14. 在订货合同中不明确价格，而是在产品制成或交货时才进行定价的方法是对付（　　）的一种价格策略。

A. 通货膨胀　　B. 经济紧缩

C. 经济疲软　　D. 经济制裁

15. 企业的产品供不应求，不能满足所有顾客的需要，这种情况下，企业就必须（　　）。

A. 降价　　B. 提价

C. 维持价格不变　　D. 降低产品质量

16. 在强大竞争者的压力下，企业的市场占有率（　　），在这种情况下，企业就需要考虑降价。

A. 下降　　B. 上升

C. 波动　　D. 不变

17. 企业实施亏本销售，旨在进入某个外国市场，而且主要为了排斥国外竞争者的倾销方式是（　　）。

A. 零星型倾销　　B. 掠夺型倾销

C. 持久型倾销　　D. 逆向型倾销

（四）多项选择题

1. 在国际营销实践中，风险成本主要包括（　　）。

A. 运输风险　　B. 融资风险

C. 汇率风险　　D. 通货膨胀

2. 影响国际市场价格的主要因素有（　　）等。

A. 成本要素　　B. 市场供求与竞争

C. 关税　　D. 货币与汇率

E. 通货膨胀

3. 企业的定价目标主要有（　　）。

A. 生存　　B. 当期利润最大化

C. 产品质量最优化　　D. 销售增长最大化

4. 根据行业内企业数目，企业规模以及产品是否同质三个条件，国际市场竞争结构可以划分为（　　）。

A. 完全竞争市场　　B. 垄断竞争市场

C. 寡头垄断竞争市场　　D. 完全垄断市场

5. 差别定价的主要形式包括（　　）。

A. 顾客差别定价　　B. 产品包装差别定价

C. 产品部位差别定价　　D. 销售时间差别定价

E. 产品形式差别定价

6. 价格折扣主要有（　　）等类型。

A. 现金折扣　　B. 数量折扣

C. 促销定价　　D. 价格折让

7. 引起企业提价主要有（　　）原因。

A. 通货膨胀，物价上涨
B. 企业市场占有率下降
C. 产品供不应求
D. 企业的成本费用比竞争者低
E. 产品生产能力过剩

8. 心理定价策略主要有（　　）。

A. 声望定价
B. 分区定价
C. 尾数定价
D. 招徕定价

9. 常见的新产品定价策略有（　　）。

A. 撇脂定价
B. 渗透定价
C. 组合定价
D. 温和定价

10. 国际市场产品提价的原因有（　　）。

A. 通货膨胀
B. 供不应求
C. 市场竞争
D. 供过于求

11. 一般而言，顾客对于企业提价可能有这样的理解（　　）。

A. 价格会进一步下跌
B. 卖主想要取得更多的利润
C. 产品很有价值
D. 产品很畅销，不赶快买就买不到了

12. 针对竞争者作出的价格变动，企业可以（　　）。

A. 维持原价
B. 提高感受价值
C. 降价
D. 涨价

（五）判断题

1. 出口产品与内销产品都在国内生产，其成本是一样的。（　　）

2. 声望定价策略能为企业带来丰厚的利润，并且风险比较大，对企业的质量要求比较高。（　　）

3. 运输费用是构成出口价格的重要因素。（　　）

4. 产品的最低价格取决于该产品的成本费用，而最高价格则取决于产品的市场需求状况。（　　）

5. 在产品的最低价格和最高价格之间，企业能把产品价格定在哪种价位，取决于市场需求。（　　）

6. 我国的出口产品退税制度是为了增强出口产品竞争力所采用的一种价格补贴措施。（　　）

7. 在营销组合中价格是唯一产生销售收入的因素，其他因素则代表成本。（　　）

8. 一个有实力的跨国企业在进入一个富有潜力的海外市场时，大多会以获得较高的市场占有率为目标。（　　）

9. 市场价格敏感度低、需求弹性小的新产品适宜采用渗透定价策略。（　　）

10. 市场渗透定价法的缺点是投资回收期较长，且价格变化余地小。（　　）

11. 现金折扣是为鼓励顾客大量购买产品所给予的折扣。（　　）

12. 国际知名品牌产品适宜采用声望定价策略。（　　）

13. 招徕定价利用了顾客的求廉心理。（　　）

14. 日用消费品属于价格敏感商品。(　　)

15. 价格升级可以给出口企业带来额外的利润。(　　)

16. 面对激烈的竞争，企业为了生存和发展，在任何时候都应该始终坚持只降价不提价的原则。(　　)

17. 企业提价的主要原因是由于通货膨胀、物价上涨、企业的成本费用提高或企业的产品供过于求。(　　)

18. 如果企业的市场占有率下降之后就很难恢复，市场领导者往往维持价格不变。(　　)

（六）简答题

1. 企业的定价目标有哪些?
2. 影响国际市场产品定价的因素有哪些?
3. 国际产品定价的程序包括哪几个步骤?
4. 国际企业可选用的定价策略有哪些?
5. 采用市场撇脂定价和市场渗透定价策略分别应具备什么条件?
6. 国际市场产品的心理定价策略有哪几种形式?
7. 企业应如何调整价格以应付国际上的通货膨胀趋势?
8. 导致企业降低价格的因素有哪些?
9. 企业采取什么措施来减少价格升级所造成的消极影响?
10. 国际营销价格发展趋势是怎样的?

（七）计算题

某企业产品总的固定成本为 1 000 000 元，变动成本为 800 000 元，总产量为 40 000 件，如果利润率为 20%，若用成本加成定价法计算，该企业产品的单位价格是多少元/件?

（八）案例分析

案例 8－1：英特尔的价格策略

一个分析师曾这样形容英特尔公司的定价政策：“这个集成电路巨人每 12 个月就要推出一种新的、具有更高赢利的微处理器，并把旧的微处理器的价格定在更低的价位上以满足需求。”当英特尔公司推出一种新的计算机集成电路时，它的定价是 1 000 美元，这个价格使它刚好能占有市场的一定份额。这些新的集成电路能够提高高级个人电脑和服务器的性能。如果顾客等不及，他们就会在价格较高时去购买。随着销售额的下降及竞争对手推出相似的集成电路对其构成威胁时，英特尔公司就会降低其产品的价格来吸引下一层次对价格敏感的顾客。最终价格跌落到最低水平，每个集成电路仅售 200 美元多一点，使该集成电路成为一个普及产品。通过这种方式，英特尔公司从各个不同的市场中获取最大收益。

请问：

1. 英特尔公司采取的是什么定价策略?

2. 请说出英特尔公司采取这种定价策略成功的原因。

案例 8 – 2：梅塔格

梅塔格公司长期以来一直生产高质量的洗衣机，其广告宣传的重点是“我们的产品使用寿命最长久”，因此其价格比竞争对手的产品价格要高。现在，梅塔格公司改变了战略，试图将人们的购买周期从“等机器坏了再去购买”改变为“想要就买”。其目的是让购买者高价去购买梅塔格公司具有杰出特征的电器，即使他们的旧机器仍然能用。为了吸引对价格敏感的消费者，梅塔格公司在其新广告中指出，“我们公司的洗衣机具有保养衣服的功能”，而这些衣服通常都是300～400美元一件，因此，公司的产品价格比一般的洗衣机要更高些。例如，梅塔格公司新的欧洲风格的洗衣机，其售价为800美元，是其他洗衣机成本的2倍，然而，该公司的营销人员宣传这种洗衣机省水、省电，而且因为它对衣服的磨损较小，可以延长衣服的使用寿命。

请问：

1. 梅塔格公司采用了什么定价目标？
2. 这种定价目标的指导思想是什么？

案例 8 – 3：休布兰的对策

当休布兰公司的史米尔诺夫伏特加酒，即一种占美国伏特加酒市场23%的品牌，受到另一种品牌即华尔夫施密特的攻击：华尔夫施密特以低于1美元1瓶的价格出售伏特加酒。休布兰公司没有降低史米尔诺夫的1美元价格，反而把它的价格提高了1美元，并把增加的收入投入广告宣传产品。休布兰建立了另外一种品牌雷尔斯卡来同华尔夫施密特竞争，并且还生产另一种品牌波波夫，以低于华尔夫施密特的售价出售。这种战略提高了史米尔诺夫的品牌形象，并有效地包围了华尔夫施密特。

请问：

1. 休布兰公司如何应对对手的价格变化？
2. 企业在面临对手的变价时可以采取哪些对策？

案例 8 – 4：Silverado：一个定价悖论

位于亚利桑那州的 Silverado 珠宝店，专门经营由印第安人手工制成的珠宝首饰。几个月前，店里进了一批由珍珠质宝石和银制成的手镯、耳环及项链的精选品，这些产品款式别致、精巧、独特，而且这一系列的产品还包括了各种传统样式的由珠宝点缀的丝带。店主希拉对这批首饰非常满意，认为它们可以替代顾客能够在当地其他珠宝店买到的绿松石首饰。希拉给这批首饰定了一个合理的价格出售。但是这些珠宝在店里摆了一个月以后，销量不尽如人意，于是店主改变了它们在店里的摆放位置，将它们放进玻璃展示箱，并将它们放到店里显眼的位置。但是位置改变以后，这些珠宝的销售仍然没有起色。希拉建议店员花更多的精力来推销这些产品，但这个方法仍然没有取得很好的效果。希拉对这些珍珠质宝石首饰的销售非常失望，她决定减少库存，将这一系列的珠宝半价出售。一天临出门之前，她匆忙地给店员玛丽留下一张字条，字条是这么写的：“玛丽，这种款式的所有珠宝×1/2。”当她外出回来时，惊喜地发现这一系列的珠宝销售一空。希拉对玛丽说："这种珍珠质宝石首饰并不合顾客的胃口，下次在新添宝石品种时一定要慎重。"而玛丽对希拉说，她虽然不懂希拉为什么要对滞销商品进行提价，但她惊诧于高价之下，商品出售的惊人速度。希拉非常奇怪："我留的字条上是说价格减半啊。""减半？"玛丽非常吃惊地问，"我认为你的字条上写的是这一系列的所有商品的价格一律按双倍计。"结果玛丽将价格增加了一倍而不是减半。

请问：

为什么这些珠宝首饰在价格提高后反而销售一空？

（九）实践活动

目的与要求

通过对手机市场价格的评价，加深学生对各种定价方法及策略的理解；进一步了解价格制定与调整的原因及其策略。

实践内容

手机市场价格评析：

1. 对周边手机市场价格状况调查。调查内容：某一品牌手机的价格及其销售情况。调查方式：上网点击、实地调查、问卷调查等。

2. 对某一品牌手机价格进行评析。包括手机品牌名称、档次高低、价格依据、顾客反应、价格策略、销售情况等。

实践过程

1. 以学生比较熟悉或正在使用的某一品牌手机为调查对象。

2. 将学生分成若干个组，制定调查表或访谈提纲，分头进行调查与观察。

3. 以小组为单位汇总调查结果并进行讨论。

实践

学生撰写某一品牌手机的价格评析报告，老师批阅、评定等级并在全班交流。

二、参考答案

（一）名词解释

1. 成本导向定价法是指以成本加上一个标准的或固定的利润来决定产品价格的方法。

2. 竞争导向定价法是一种根据竞争状况确定价格的定价方法。

3. 顾客导向定价法是按照顾客本身的特性及顾客对产品的感受价值而不是产品的成本来决定产品价格的方法。

4. 撇脂定价策略是指企业向市场推出新产品时高位定价，以求在产品生命周期的初期尽快收回投资并获得最大利润，而当竞争者新进市场或市场销量减少时则逐步降低定价以提高产品竞争力的策略。

5. 渗透定价策略是以一个较低的产品价格打入市场，目的是在短期内加速市场成长，牺牲高毛利以期获得较高的销售量及市场占有率，进而产生显著的成本经济效益，使成本和价格得以不断降低。

6. FOB 出厂价定价法是指将运费加产品基本价格作为产品的交货价格，就是顾客按照厂价购买某种产品，企业只负责将这种新产品运到某种运输工具上（如卡车、火车、船舶、飞机等）交货。

（二）填空题

1. 生存　当期利润最大化　销售增长最大化　产品质量最优化

2. 运费　保险费　包装费

3. 完全竞争市场　垄断竞争市场　寡头垄断竞争市场　完全垄断市场

4. 成本导向　竞争导向　顾客导向

5. 成本加成定价法　投资回报率定价法　变动成本定价法

6. 随行就市定价法　密封投标定价法

7. 差别定价法　反向定价法

8. FOB 出厂价定价法　固定运费定价法　区间定价法　基准点价格定价法　运费补贴定价法

9. 通货膨胀　供不应求　市场竞争

（三）单项选择题

1. B。理由：企业出于对目标市场的国家政治形势和经济形势复杂多变等原因的考虑，希望以最快的速度收回初期开拓市场的投入并获取最大的利润，往往会在已知产品成本的基础上，为产品确定一个最高价格，以求在最短时间内获取最大利润。

2. C。理由：产品的最低价格取决于该产品的成本费用，而最高价格则取决于产品的市场需求状况。

3. A。理由：产品的最低价格取决于该产品的成本费用，而最高价格则取决于产品的市场需求状况。对某一产品感兴趣的消费群体的数量及其收入水平，对确定产品的最终价格有重要意义。即使是低收入消费群体，他们对某种产品的迫切需要也会导致这种产品能够卖出高价。

4. B。理由：价格主要取决于市场供求状况。由于市场是由大量分散的买方和卖方组成的，产品是同质无差异的，不论买方或卖方都掌握完全充分的市场信息。因此卖方的售价不能高于市价，因为买方可以市价买到他们所需的产品。同时卖方的售价也不会低于市价，因为在市价的水平上他们能将产品全部卖完。

5. C。理由：总部与子公司共同定价这个模式，公司总部既可对子公司的定价保持一定的控制，子公司又可有适当的自主权以保证其产品价格适应当地的市场环境。

6. A。理由：成本加成定价法是按产品的单位成本加上一定比例的利润定出销售价格。

7. C。理由：在一般情况下，定价的程序是从出厂价、批发价到零售价。反向定价法则反其道而行之，是企业根据顾客对商品价值的认识理解和需求程度来推定产品到底值多少钱，然后再推算出产品在其他环节的销售价格。

8. C。理由：竞标的目的在于争取合同，因此公司考虑的重点是竞争者会报出何种价格，公司制定的价格应比竞争者的低，而不局限于成本或需求状况。

9. C。理由：新的专利产品一入市就采取高价政策，可以获取抢先上市的利润，同时借以支付市场开发费用。公司还通过使用专利权的保护形式，阻止提供低价产品的竞争对手的进攻，维持长期利润，这就是撇脂定价法。

10. B。理由：市场渗透定价策略是以一个较低的产品价格打入市场，目的是在短期内加速市场成长，牺牲高毛利以期获得较高的销售量及市场占有率，进而产生显著的成本经济效益，使成本和价格得以不断降低。

11. B。理由：分区定价是指企业把销售市场划分为若干区域，对于不同区域的顾客，分别制定不同的地区价格。例如，出口到美洲各国用一种价，在欧洲各国用另一种价，在亚太地区用第三种价格。

12. B。理由：数量折扣是为鼓励顾客大量购买产品所给予的折扣。当顾客大量购买时，可以降低价格，使顾客从中享受优惠。

13. B。理由：FOB（Free On Board）出厂价定价法，指将运费加产品基本价格作为产品的交货价格，就是顾客按照厂价购买某种产品，企业只负责将这种产品运到某种运输工具上（如卡车、火车、船舶、飞机等）交货。交货后，从产地到目的地的一切风险和费用都由顾客承担。

14. A。理由：为了应付国际上普遍存在的通货膨胀趋势，企业可以采取推迟报价的策略，即企业决定暂时不规定最后价格，等到产品制成时或交货时才规定最后价格。在工业建筑和重型设备制造等行业中一般采取这种定价策略。

15. B。理由：企业的产品供不应求，不能满足所有顾客的需要。在这种情况下，企业就必须提价，或者对客户限额供应，或者两种措施共同采用。

16. A。理由：当国际市场上出现了强有力的竞争者时，往往会导致企业市场占有率的下降。

17. B。理由：掠夺型倾销是指企业实施亏本销售，旨在进入某个外国市场，而且主要为了排斥国外竞争者。

（四）多项选择题

1. BCD。理由：在国际营销实践中，风险成本主要包括融资、通货膨胀及汇率风险。由于货款收付等手续需要比较长的时间，因而增加了融资、通货膨胀以及汇率波动等方面的风险。

2. ABCDE。理由：影响国际定价的因素远多于国内定价，除需求因素、竞争因素、成本因素、生产因素以外，还要考虑东道国关税税率、消费税税率、外汇汇率浮动、国外中间商毛利、国外信贷资金成本（即利率情况）、运输与保险费用、国外通货膨胀率、本国与东道国政府的干预以及国际协定的约束等。

3. ABCD。理由：企业的定价目标主要有以下几种：生存、当期利润最大化、销售增长最大化、产品质量最优化。

4. ABCD。理由：根据行业内企业数目，企业规模以及产品是否同质三个条件，国际市场竞争结构可以划分为下列四种情况：①完全竞争市场；②垄断竞争市场；③寡头垄断竞争市场；④完全垄断市场。

5. ADE。理由：差别定价策略包括以下四种形式：顾客类型不同、产品形式不同、销售地点不同、销售时间不同。

6. ABD。理由：折扣与折让的价格调整策略包括五种：现金折扣、数量折扣、季节性折扣、功能性折扣、价格折让。

7. AC。理由：产品价格提高，除了追求更高利润外，还包括其他导致企业不断提高产品价格的因素：①通货膨胀；②供不应求；③市场竞争。

8. ACD。理由：心理定价策略包括：声望定价、参考价格、尾数定价、促销定价。促销定价方式又可分为下列几种：①招徕定价；②特殊事件定价；③现金回扣；④其他促销方式。

9. ABD。理由：新产品定价策略包括高价策略（撇脂定价）、低价策略（渗透定价）和中间价策略（温和定价）。

10. ABC。理由：产品价格提高，除了追求更高利润外，还包括其他导致企业不断提高产品价格的因素：①通货膨胀；②供不应求；③市场竞争。

11. BCD。理由：对于企业提高产品价格，消费者的理解有：①认为提价表明这种产品很畅销，不赶快买就会失去机会。②认为提价表明这种产品很有价值。③企业想要获得更多的利润。

12. ABCD。理由：针对竞争者作出的价格反应，企业可以采取如下的应变措施：①维持原价；②提高感受价值；③降价；④提高产品质量和价格。

（五）判断题

1. 错误。理由：产品销往的地域不同，其成本组成也就不同。出口产品与内销产品即使都在国内生产，其成本也不会完全一样。例如为了适应国外的度量衡制度、电力系统等其他方面而增加或简化了某些功能，出口产品成本就可能随之增加或降低。

2. 正确。理由：声望定价是指企业利用消费者仰慕名牌商品或名牌商店的声望所产生的某种心理来制定商品的价格，故意把价格定成高价。声望定价策略能为企业带来丰厚的利润，但是风险比较大，对企业的质量要求比较高。

3. 正确。理由：出口产品价格还包括运输费用。一般情况下，全部运输成本约占出口产品价格的15%左右。由此可见运输费用是构成出口价格的重要因素。

4. 正确。理由：产品的最低价格取决于该产品的成本费用，而最高价格则取决于产品的市场需求状况。各国的自然环境、文化背景、经济条件等因素存在差异，决定了各国消费者的消费偏好不尽相同。对某一产品感兴趣的消费群体的数量及其收入水平，对确定产品的最终价格有重要意义。即使是低收入消费群体，他们对某种产品的迫切需要也会导致这种产品能够卖出高价。

5. 错误。理由：在产品的最低价格和最高价格之间，企业能把产品价格定在哪种价位，取决于众多竞争者提供的同种产品的价格水平。

6. 正确。理由：本国政府对出口产品实行价格补贴，可以降低出口产品价格，增强产品国际竞争力。如美国政府对农产品实行价格补贴，提高了美国农产品的国际市场竞争力。我国的出口产品退税制度也是为了增强出口产品竞争力所采用的一种价格补贴措施。

7. 正确。理由：在营销组合中，产品、促销、渠道因素都代表成本，而价格是唯一产生销售收入的因素。

8. 正确。理由：一个有实力的跨国企业在进入一个富有潜力的海外市场时，大多会以获得较高的市场占有率为目标，因此在短期内，其价格或收益可能无法覆盖成本。

9．错误。理由：撇脂定价法成功的条件是：①有充足的市场需求量，顾客对该产品有很高的需求并愿出高价购买。②市场价格敏感度低，需求弹性小。③在小规模的生产成本下仍有充足利润。④高价短期内不至于吸引更多竞争者。⑤高价格可以树立高品质的产品形象。

10．正确。理由：市场渗透定价策略是以一个较低的产品价格打入市场，目的是在短期内加速市场成长，牺牲高毛利以期获得较高的销售量及市场占有率，进而产生显著的成本经济效益，使成本和价格得以不断降低。渗透价格并不意味着绝对的便宜，而是相对于价值来讲比较低。其缺点是投资回收期较长，且价格变化余地小。

11．错误。理由：现金折扣是指买方在一定的时间期限内付清购货款项所给予的价格折扣。其目的在于鼓励顾客提早付款，以降低公司收账成本。

12．正确。理由：所谓声望定价，是指企业利用消费者仰慕名牌商品或名牌商店的声望所产生的某种心理来制定商品的价格，故意把价格定成高价。

13．正确。理由：招徕定价是企业利用顾客求廉的心理，特意将某几种商品的价格定得较低，目的在于吸引消费者光临本店，希望消费者能在购买特价品的同时购买一些其他正常价格的产品，保证公司赚取正常利润。

14．正确。理由：价格敏感商品，指消费者经常使用、高频率购买、对价格熟知度高且易比较的商品，如可乐、酱油、肥皂、餐巾纸等日用的商品。

15．错误。理由：产品内销外销价格有巨大差异，但我们不能因此就认为企业将产品销往国外就能得到更多的利润。出口过程中各环节费用的逐渐增加是造成价格升级的根本原因。

16．错误。理由：面对激烈的竞争，企业为了生存和发展，可以采取如下的应变措施：①维持原价；②提高感受价值；③降价；④提高产品质量和价格。

17．错误。理由：产品价格提高，除了追求更高利润外，还有一些其他导致企业不断提高产品价格的因素：①通货膨胀；②供不应求；③市场竞争。

18．错误。理由：当国际市场上出现了强有力的竞争者时，往往会导致企业市场占有率的下降。如果企业的市场占有率下降之后就很难恢复，市场领导者往往不得不降低价格竞销。

（六）简答题

1．答：企业的定价目标主要有以下几种：①生存；②当期利润最大化；③销售增长最大化；④产品质量最优化。

2．答：影响国际市场产品定价的因素有定价目标、成本因素、市场需求、市场竞争结构、政府的价格调控政策。

3．答：国际产品定价的程序包括：①设定策略定价目标；②测定需求；③成本评估；④竞争者价格及成本分析；⑤选择定价方式；⑥确定产品价格；⑦价格调整及修正。

4．答：国际企业可选用的定价策略有：新产品定价策略、产品组合定价策略、折扣与折让定价策略、国际转移定价策略、心理定价策略和地区定价策略。

5．答：采用市场撇脂定价策略应具备的条件是：①有充足的市场需求量，顾客对该产品有很高的需求并愿出高价购买。②市场价格敏感度低，需求弹性小。③在小规模的生产成本下仍有充足利润。④高价短期内不至于吸引更多竞争者。⑤高价格可以树立高品质的产品形象。

采用市场渗透定价策略应具备的条件是：①有足够大的市场需求；②消费者对价格高度敏感而不是具有强烈的品牌偏好；③大量生产能产生显著的成本经济效益；④低价策略能有效打击现存及潜在的竞争者。

6. 答：国际市场产品的心理定价策略有声望定价、参考价格、尾数定价、促销定价。

7. 答：为了应付国际上普遍存在的通货膨胀趋势，企业可以采取很多方法来调整价格：①采取推迟报价的策略。②签订短期合同，或者在长期合同中附加调价条款。③把产品供应和定价作为两个文件分别处理。④提高最小批量，减少价格折扣。⑤把握"价格敏感商品"。⑥降低产品质量或者减少产品功能和服务。

8. 答：导致企业降低价格的因素有：供过于求、竞争加剧、成本优势。

9. 答：为减少价格升级所造成的影响，企业常用的方法有：①降低净售价，即通过降低净售价的方法来抵消关税和运费。②改变产品形式。③在国外建厂生产。④缩短分销渠道。⑤降低产品质量，即取消产品的某些成本昂贵的功能特性，甚至全面降低产品质量。

10. 答：国际市场营销中价格发展趋势包括：①价格逐步升级；②倾销现象突出；③贸易壁垒森严；④政府实施管制。

（七）计算题

解：该企业产品单位价格为 54 元/件。

产品总成本 = 固定成本 + 变动成本 = 1 000 000 + 800 000 = 1 800 000（元）

总利润额 = 总成本 × 利润率 = 1 800 000 × 20% = 360 000（元）

单位价格 =（总成本 + 总利润）/总产量 =（1 800 000 + 360 000）/40 000 = 54（元/件）

（八）案例分析

［答案要点］

案例 8－1

1. 英特尔公司对新产品采用的是撇脂定价策略。

2. 成功原因：对于微处理器这种技术含量比较高的产品，顾客愿意出高价购买，并且短期内竞争者不容易进入市场，因此公司首先在高端市场撇取高额利润。而当有竞争者进入市场及销量下降时，英特尔公司下调产品价格，转移目标市场。这样，英特尔公司能从不同的目标市场多次"撇取"高额利润。

案例 8－2

1. 梅塔格公司采用的是产品质量最优化的定价目标。

2. 质量领先者为弥补质量领先所带来的高额生产成本和研发费用，它的产品往往比处于第二位的产品售价高出许多，因此采用这种策略的企业要在生产和市场营销过程中始终贯彻产品质量最优化的指导思想，并以优质的服务超越众多商家之上。

案例 8－3

1. 休布兰在面对竞争对手的降价时，并没有跟随降价，而是提高原来产品的价格，同时还推出两种品牌，一种和对手竞争，另一种以低于对手的价格出售。休布兰的对策不仅赋予了原产品更高级的形象，同时推出更多的品牌围攻竞争对手，争夺市场。

2. 针对竞争者作出的价格反应，企业可以采取如下的应变措施：

（1）维持原价。如果企业对产品一再降价，会造成较大的利润损失时，便可采用这一措施。

（2）提高感受价值。企业可以通过改进质量、加强和用户之间的联系等手段，提高用户对产品的感受价值。

（3）降价。当企业发现市场需求弹性很大，夺回失去市场的代价远高于降价所造成的损失时，企业可以采取降低价格的策略，以求扩大销售量。

（4）提高产品质量和价格。企业为了在竞争中采取主动进攻的策略，推出高质高价产品到国际市场销售，同时加强广告宣传，从两个方面来夹击竞争者。

案例 8－4

Silverado 的珍珠质宝石首饰误打误撞，因店员的失误而采用了声望定价的方式，恰恰符合了顾客购买珠宝首饰的心理需要。珠宝首饰作为一种非必需品，高价定位突出了产品的档次，满足顾客购买这类商品求名的心理需要。所以在提高了售价后，Silverado 的这一系列产品反而销售一空。

（九）实践活动

[要点提示]

每一个生产者或企业，在具体定价时都会明确其目标。企业制定营销价格的目标主要有两个：获取利润目标和占有市场目标。

企业的定价方法很多，一般来说有成本导向定价法，包括成本加成定价法、投资回报率定价法、变动成本定价法；有竞争导向定价法，包括随行就市定价法、密封投标定价法；有顾客导向定价法，包括差别定价法、反向定价法。

通过调查去分析你所调查的这一品牌手机的定价策略，并对这一定价策略是否适应市场进行分析，分析时需要注重细节，比如购买者对定价、调价的反应，价格心理变化等，通过分析体会定价的策略和意义。

第九章
国际分销渠道策略

一、练习题

（一）名词解释

1．分销　　2．营销辅助机构　　3．出口代理商
4．互补营销　　5．直接分销渠道　　6．物质分销
7．间接分销渠道　　8．国际分销渠道管理　　9．自动订货法
10．经济批量订货法

（二）填空题

1．国际分销系统由__________以及________和________或________构成。

2．营销中介机构可以区分为__________、__________和__________。

3．根据进口中间商是否拥有商品的所有权也可以将其区分为两大类：________和________。

4．营销者在选择国际分销渠道时一般要考虑________、________、________、________、________、________。

5．销售渠道宽度策略有__________、__________和__________。

6．所谓国际分销渠道的________，是指产品或服务从生产者到最终用户或消费者所经过的渠道层次数。

7．根据国内中间商是否拥有出口商品的所有权可以分为________和__________。

8．分销渠道的宽度是指渠道的各个层次中所使用的________数目。

9．对国际分销渠道的控制主要包括________、________、________、________、________等几项工作。

10．渠道设计问题的中心环节是确定到达________的最佳途径。

11．消费品中的便利品和产业用品中的供应品，通常采用的分销策略是________。

12．国际物质分销目标可分为________、________、________、________。

13．零售商店是指那些销售量主要来自________的商业企业。

14．国际物质分销渠道管理包括________、________、________、________。

（三）单项选择题

1.（　　）是指实际拥有商品所有权的中间商。

A. 经销商　　B. 代理商

C. 佣金商　　D. 经营商

2. 非名牌电视机制造商可以为其产品选择（　　）形式。

A. 独家分销　　B. 选择性分销

C. 广泛分销　　D. 以上任何一种均可

3. 国际贸易公司属于（　　）。

A. 出口商　　B. 出口代理商

C. 进口代理商　　D. 厂商自营出口机构

4. 以大批量、低成本、低售价和微利多销的方式经营的连锁式零售企业是（　　）。

A. 超级市场　　B. 方便商店

C. 仓储商店　　D. 折扣商店

5. 物流以企业销售预测为开端，并以此为基础来规划生产水平和（　　）。

A. 销售水平　　B. 市场规模

C. 成本费用　　D. 存货水平

6. 企业在制定国际物质分销策略时，需要在服务成本和（　　）之间寻求一个平衡点。

A. 客户需求　　B. 服务水平

C. 利润　　D. 存货数量

7. 批发商的最主要的类型是（　　）。

A. 商人批发商　　B. 经纪人

C. 代理商　　D. 制造商销售办事处

8. 工业品因为技术性较强，主要采用（　　）渠道。

A. 间接分销　　B. 直接分销

C. 长分销　　D. 宽分销

9. 物流的主要职能是将产品由其生产地转移到消费地，从而创造（　　）。

A. 时间效用　　B. 形式效用

C. 地点效用　　D. 占有效用

10. 生产消费品中的便利品的企业通常采取（　　）的策略。

A. 广泛分销　　B. 独家分销

C. 选择分销　　D. 直销

11. 当目标顾客人数众多时，生产者倾向于利用（　　）。

A. 长而宽的渠道　　B. 短渠道

C. 窄渠道　　D. 直接渠道

12. 非标准化产品或单位价值高的产品一般采取（　　）。

A. 直销　　B. 广泛分销

C. 密集分销　　D. 自动售货

13. (　　) 是企业把降低运输、储存、装卸等费用作为国际物质分销的目标。

A. 安全性目标　B. 经济性目标

C. 灵活性目标　D. 方便性目标

14. 适合数量庞大、价值低和较长或很长距离的商品运输的方式是（　　）。

A. 铁路运输　B. 公路运输

C. 水路运输　D. 航空运输

15. 向最终消费者直接销售产品和服务，用于个人及非商业性用途的活动属于（　　）。

A. 零售　B. 批发

C. 代理　D. 经销

16. 分销渠道的每个层次使用同种类型中间商数目的多少，被称为分销渠道的（　　）。

A. 宽度　B. 长度

C. 深度　D. 关联度

(四) 多项选择题

1. (　　) 是常见的几种出口商。

A. 采购/订货行　B. 国际贸易公司

C. 出口子公司　D. 国际经纪人

2. 一般外销企业在销售渠道宽度上有（　　）等几种可供选择的策略。

A. 广泛分销策略　B. 差异性销售策略

C. 选择分销策略　D. 独家分销策略

E. 集中销售策略

3. 进口经销商包括（　　）。

A. 进口商　B. 零售商

C. 经销商　D. 代理商

4. 出口代理商的主要类型有（　　）。

A. 出口行　B. 综合出口经理商

C. 制造商出口代理商　D. 国际经纪人

E. 国际贸易公司

5. 影响分销层次确定的因素有（　　）。

A. 国际市场容量　B. 进出口条件

C. 产品特点　D. 企业特性

E. 环境特性

6. 在选择国外中间商时应注意中间商的（　　）。

A. 市场范围　B. 财务状况

C. 企业性质　D. 管理者

E. 信誉

7. 进口中间商包括（　　）。

A. 进口经销商　　B. 进口代理商
C. 海外销售分支机构　　D. 出口佣金商

8. 无门市零售的主要形式是（　　）。
A. 直复市场营销　　B. 直接销售
C. 自动售货　　D. 购货服务公司
E. 传销

9. 国际物质分销目标包括（　　）。
A. 经济性目标　　B. 安全性目标
C. 灵活性目标　　D. 方便性目标

10. 国际物质分销的中心环节是（　　）。
A. 商品的包装　　B. 装卸
C. 储存　　D. 运输
E. 加工整理

11. 在国际市场营销中，企业常用的订货方法有（　　）。
A. 保险订货法　　B. 经济批量订货法
C. 自动订货法　　D. 保本订货法

（五）判断题

1. 营销辅助机构是那些参与商品交换，对商品交换的实现提供支持的各种机构。（　　）

2. 零售业发展的规模化主要通过连锁经营的途径来实现。（　　）

3. 经纪人是从事购买或销售或两者兼备的洽商工作，并取得产品所有权的商业单位。（　　）

4. 佣金商对生产者委托代销的物品没有所有权。（　　）

5. 自己进货，并取得产品所有权后再出售的商业企业是经纪人或代理商。（　　）

6. 对于中小企业而言，开始从事国际市场营销时利用出口代理商是较为理想的市场进入方式。（　　）

7. 销售代理商实际上相当于生产企业的销售部门，负责生产企业的全部产品的销售。（　　）

8. 建立分销渠道的资本是渠道设计中的关键因素。（　　）

9. 渠道长度越长，渠道宽度越宽，企业对价格、促销、顾客服务等的控制就越弱。（　　）

10. 直接分销是日用消费品分销的主要方式。（　　）

11. 名牌产品多采用独家分销策略。（　　）

12. 在物流过程中，提高顾客购买的方便性通常需要以牺牲规模经济为代价。（　　）

13. 保险订货法的优点是能够固定进货数量，可以节约仓储费用。（　　）

14. 企业在选择仓库位置时要注意用户的地理分布和要求的运输量。（　　）

（六）简答题

1．国际贸易活动中常见的销售渠道环节有哪些？

2．利用出口代理商对生产企业有什么好处？

3．影响企业选择国际分销渠道的因素有哪些？

4．企业在制定分销渠道宽度决策时面临哪些选择？

5．企业在选择国外中间商时应注意什么问题？

6．企业应按照什么程序选择国外中间商？

7．国际物质分销渠道管理有哪些内容？

8．物质分销在国际市场营销中具有什么重要性？

（七）案例分析

案例 9－1：舒适与吉列在日本

1962 年，日本开放刀片市场，舒适公司和吉列公司等其他公司一起进入日本市场。此后，舒适公司将产品分销交给精工公司去做。精工公司从美国进口舒适刀片，然后卖给遍布全国的 150 000 个批发商。舒适刀片在日本的市场占有率达到了 60% 以上。与此同时，吉列公司则靠自己攻打日本市场，它没有像舒适公司那样选择一家日本的独立代理商，而主要通过销售人员销售刀片，结果惨败：在日本，吉列刀片的市场占有率一直徘徊在 10% 左右。

请问：

1．舒适公司和吉列公司分别采用了什么销售策略？

2．为什么吉列公司的销售不尽如人意？

案例 9－2：耐克公司的销售

耐克公司在六种不同类型的商店中销售其生产的运动鞋和运动衣：①体育用品专卖店。②大众体育用品商店，那里有许多不同样式的耐克产品。③百货商店，那里集中销售最新样式的耐克产品。④大型综合商场，那里仅销售折扣款式。⑤耐克产品零售商店，包括大城市中的耐克城，在那里有耐克公司生产的全部产品，但其重点是销售最新样式的耐克产品。⑥工厂的门市零售店，所销售的大部分是二手货和存货。同时，在一个城市里，耐克公司还限制销售其产品的商店的数量。例如，在佐治亚州牛顿县，它仅允许两间商店销售其所生产的产品。

请问：

1．耐克公司的销售采用什么分销策略？

2．采用这种策略有什么优点？

案例 9－3：斯迪哈的渠道选择

斯迪哈公司生产三个系列的电动锯。第一个系列的产品是针对家庭装修和进行维修的小型承包商而设计的，它们采用零售的方式出售；第二个系列的产品是针对那些专门进行住宅楼建设的大型承包商而设计的专门的链条锯，它们由为承包商提供服务的批发商出售；第三个系列的产品是最好的一种锯，它们是用于切割混凝土造的和钢筋造的大梁，它们只在那些专门经营切割工具的批发商那儿出售。公司为不同的经销商制定了不同的条款、支持方案、激励措施、包装要求及定价策略。

请问：

1. 斯迪哈公司采用了什么渠道策略？
2. 采用这种渠道策略有什么优点？

（八）实践活动

目的与要求

通过对材料的理解与分析，掌握分销渠道分析的基本方法。

材料

卡特彼勒公司在中国市场分销渠道分析

卡特彼勒公司总部在美国伊利诺伊州，主要从事挖掘机、推土机等工程机械生产。卡特彼勒是世界上最大的生产工程机械的公司，在美国本土有30家工厂，在全球设有29个分支公司，在2000年全球500强中排名第242位。卡特彼勒之所以能够在竞争激烈的工程机械市场长期占有领导者的地位，原因是多方面的，但在对新兴市场激烈的争夺中，卡特彼勒市场营销战略发挥了重要的作用。

美国卡特彼勒公司现有11个全球配送中心（Distribution Centers）和122个分销商，在美国本土有12个区域配送中心和65个分销商。卡特彼勒公司在全球范围的销售系统，统一采用分销代理制。

1. 在中国市场分销渠道的结构

在中国市场的四个分销渠道成员是卡特彼勒公司在亚太地区长期的分销商，也都具有长期销售卡特彼勒产品的经验，他们跟随卡特彼勒在中国市场投资建厂而进入中国。如下图所示：

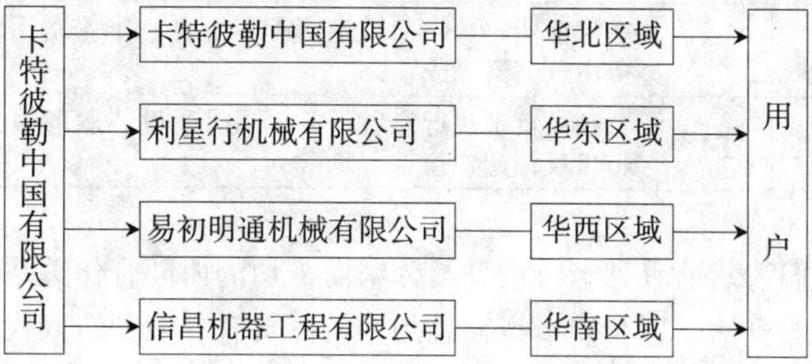

卡特彼勒中国市场分销渠道结构图

卡特彼勒作出在中国投资建厂决策的同时，就开始筹备组织在中国市场的分销渠道。卡特彼勒认为在中国这样一个新兴的巨大潜在市场要建立一个优秀的分销机构需要制造商和独立分销商都必须作出庞大的投资，这些投资有资金和固定资产的形式，也有培训以及在用户服务方面达成的共识。他们通过考察、评估，决定不在中国市场选择本土分销商，而沿用已有的分销商。卡特彼勒公司将其产品在中国市场的分销代理权向亚太地区特别是中国周边市场已有分销商公开招标，并最终确定了三家在中国市场的区域分销商（见上图）：利星行机械有限公司、易初明通机械有限公司、信昌机器工程有限公司。其中利星行主要在华东区域、易初明通在华西、信昌则从事华南的区域分销工作，而华北的销售暂时由卡特彼勒（中国）直接销售。2000 年，卡特彼勒最后确定澳大利亚的威斯特机械公司作为华北区域销售的分销商，卡特彼勒（中国）退出直销渠道。

2. 分销代理制的职能分工

在卡特彼勒公司每次面临困难的时候，其分销系统都发挥了非常重要的作用，与卡特彼勒共渡难关。卡特彼勒的领导者认为他们之所以长期保持世界范围内的行业领先地位，最大原因就在于他们的“分销系统、售后服务和与顾客的亲密关系”。

根据对卡特彼勒（中国）和其在中国市场的分销商（易初明通工程有限公司）的实地长期调查，设计“卡特彼勒和易初明通渠道职能分工表”，见下面“CAT 和分销商职能分工表”：

CAT 和分销商职能分工表

渠道 主要职能	CAT	分销商	说　明
销售渠道 目标制定	主持	参与	CAT 在分销商积极参与制定各自区域销售计划的前提下，主持制定整个中国市场销售目标
库存管理	主持	参与	CAT 著名的配送中心协调仓储、存货和运输，使分销总成本保持尽可能低的水平
实体分配	参与	主持	CAT 追求构成产品实体分配活动的系统分销成本最低，但单项分销活动仍由分销商独立执行
信用提供	参与	主持	分销商主要承担用户分期付款的信用风险，但 CAT 专门的财务部门也提供帮助
促销设计	参与	主持	分销商设计产品的促销活动，但 CAT 提供意见
促销设计	参与	主持	对于促销活动的执行，CAT 提供必要的帮助，具体操作由分销商完成
维修服务	参与	主持	在保值期内，CAT 提供所有零配件、维修费用，具体维修业务由分销商完成
售后服务	参与	主持	分销商负责执行售后服务，同时通过“服务报告”等形式向 CAT 反馈用户意见

如同上表，我们清楚地看到卡特彼勒与分销商密切的协同合作关系。

这种协同合作的分销代理制使卡特彼勒的分销商具有一般制造商代理所没有的特点：

（1）卡特彼勒的分销商是独立的商业组织，独立拥有、独立经营，他们也执行制造商代理（MA）的功能，但是类似于销售代理商，他们从事卡特彼勒营销活动的职责范围比一般意义上的制造商宽很多，他们被卡特彼勒授予的权限也比一般制造商代理的权限大很多。

（2）卡特彼勒的分销商，不同于一般的制造商代理。他们从卡特彼勒购买产品，从而对产品拥有所有权和控制权。

（3）卡特彼勒的分销商，不但不得销售与卡特彼勒竞争的产品，甚至不从事其他工程机械制造商的非竞争性产品销售。

（4）卡特彼勒的分销商，不同于一般代理商只参与分销渠道的部分活动，他们参与几乎全部的分销渠道活动，并且在大部分活动中执行主要功能。

（5）卡特彼勒的分销商，自行确定最终用户，而无须卡特彼勒授权。

（6）卡特彼勒的分销商，执行一般制造商代理不执行的部分仓储功能，他们密切与卡特彼勒全球或区域配送中心联系，并储备一定的产品，以备迅速向用户供货。

（7）卡特彼勒的分销商，参与渠道资金流活动，提供产品销售分期付款或赊账销售，承担相应财务风险。

实践内容

请选择学校周围一家工业企业或商业企业，调查了解其分销渠道的设计，并运用所学知识分析其渠道的合理性，提出改进意见。

二、参考答案

（一）名词解释

1. 分销是指将产品或服务从生产者向消费者转移的过程。

2. 营销辅助机构是指那些不参与商品交换（这里的交换是指买卖双方为达成交易而进行的谈判过程），但对商品交换的实现提供支持的各种机构，如管理顾问公司、商业银行、运输公司、仓储公司、保险公司等。

3. 出口代理商指接受委托、以委托人的名义买卖货物并收取佣金，但不拥有商品所有权的中间商。

4. 互补营销又称“猪驮式出口”（Piggy Back Exporting），或合作出口，或附带式出口，它是一种将自己与其他企业的互补产品搭配出售的出口营销形式。

5. 国际市场直接分销渠道是指产品在从生产者流向国外最终消费者或用户的过程中，不经过任何中间商，而由生产者将其产品直接销售给国内出口商、国外消费者或用户。

6. 物质分销又称实体分配、物质流通、物流等，是指产品实体从生产者手中运送到消费者手中的空间移动。

7. 间接分销渠道是指产品经由国外中间商销售给国际市场最终用户或消费者的一种分销形式。

8. 国际分销渠道管理，从广义上讲包括制定渠道目标和选择渠道策略，选择、激励、评价、控制渠道成员，以及渠道改进等。

9. 自动订货法是指在前一批商品售完时马上按照前期数量自动组织订货。

10. 经济批量订货法是指以最小的存货总成本确定订货数量的方法。

（二）填空题

1. 营销中介机构　生产者　消费者　用户

2. 经销中间商　代理中间商　营销辅助机构

3. 进口经销商　进口代理商

4. 成本　资金　控制　覆盖　特征　连续性
5. 广泛分销策略　选择分销策略　独家分销策略
6. 长度
7. 出口商　出口代理商
8. 中间商
9. 专门管理　健全档案　适当鼓励　定期评估　及时调整
10. 目标市场
11. 广泛分销
12. 经济性目标　安全性目标　灵活性目标　方便性目标
13. 零售
14. 订货决策　存货控制　仓库管理　运输管理

（三）单项选择题

1. A。理由：根据中间商是否拥有商品的所有权，可以将中间商分为两大类，即经销商和代理商。凡对商品拥有所有权的称为经销商；凡接受委托、以委托人的名义买卖货物并收取佣金，但不拥有商品所有权的，称为代理商。

2. B。理由：消费品中的选购品、特殊品及工业品中专业性较强、用户较固定的设备和零配件等，较适合采用选择性分销策略。

3. A。理由：常见的出口商主要有三种类型：国际贸易公司、采购/订货行、互补营销。

4. C。理由：超级市场是规模相当大、成本低、毛利低、销售量大、顾客自我服务的经营单位，主要经营各种食品、洗涤用品和家庭日用品等。方便商店是指设在居民区附近、营业时间长、销售品种范围有限、周转率高的小型商店。仓储商店是一种以大批量、低成本、低售价和微利方式经营的连锁式零售商业。折扣商店一般具有以下特点：经常以低价销售商品，突出销售全国性品牌，虽然低价但质量有保证；在自助式、设备最少的基础上经营；店址设置主要着眼于吸引较远处的顾客。

5. D。理由：物流的职能是将产品由其生产地转到消费地，从而创造地点效用。物流作为市场营销的一部分，不仅包括产品的运输、保管、装卸、包装，而且还包括在开展这些活动的过程中所伴随的信息的传播。它以企业销售预测为开端，并以此为基础来规划生产水平和存货水平。

6. B。理由：企业在制定国际物质分销策略时，需要在服务水平与服务成本间寻求一个平衡点。因为要提高物质分销的服务水平，企业就需要增加存货，采用最迅速和最安全的方式将产品实体运送到顾客的手中。

7. A。理由：批发商可以分为三种基本类型：商人批发商、代理商或经纪人、制造商的销售分部或采购办事处。其中最主要的类型是商人批发商。

8. B。理由：直接分销是工业品分销的主要方式，因为工业品技术性较强，尤其是售后服务显得非常重要，用户较少，购买批量较大，购买频率低，直接分销既方便运作，又有利于节省费用，保证企业获得较高的利润。

9. C。理由：产品由其生产地转移到消费地，这是一种物流产生的地点效用。

10. A。理由：在国际市场上，对价格低廉、购买频率高、一次性购买数量较少的产品如日用品、食品等，以及高度标准化的产品如小五金、润滑油等，多采用广泛分销的策略。

11. A。理由：当目标顾客人数众多时，采用长而宽的渠道可以使商品在较短的时间内到达目标顾客。采用短渠道和直接渠道成本太高，而采用窄渠道很难使商品到达目标顾客。

12. A。理由：非标准化产品是生产者根据用户需求定制，直接销售给用户，故采用的是直销方式。

13. B。理由：国际物质分销目标可分为以下几类：①经济性目标，即企业把降低运输、储存、装卸等费用作为国际物质分销的目标。②安全性目标，即企业把保证按照正确的数量与质量，准确、及时、完整地将产品运送到指定的地点作为国际物质分销的目标。③灵活性目标，即企业把保证和提高物质分销系统的灵活性和应变能力作为国际物质分销的目标。④方便性目标，企业在建立国际物质分销系统时，有时会选择以尽可能地方便顾客购买作为国际物质分销的目标。

14. C。理由：水路运输由于运量大，运价低，适合数量庞大、价值低和较长或很长距离的商品运输。

15. A。理由：零售是将从生产企业、批发企业购买的商品转卖给最终消费者用于个人消费或非商业性用途的贸易形式。

16. A。理由：分销渠道的宽度是指渠道的各个层次中所使用的中间商数目。依据渠道的宽度，国际分销策略可以被区分为宽渠道策略与窄渠道策略。

（四）多项选择题

1. AB。理由：常见的出口商主要有三种类型：国际贸易公司、采购/订货行、互补营销。

2. ACD。理由：国际营销企业在渠道宽度上可以有三种选择：①广泛分销策略；②选择分销策略；③独家分销策略。

3. ABC。理由：进口经销商主要有四种类型：进口商（Import Merchant）、经销商（Distributor Dealer）、批发商（Wholesaler）和零售商（Retailer）。

4. BCD。理由：在国际市场上，出口代理商主要有综合出口经理商、制造商出口代理商、销售代理商、出口佣金商、国际经纪人。

5. ABCDE。理由：对分销层次的确定，生产企业应综合考虑进出口条件、国际市场容量（特别是目标市场容量）、中间商销售能力、产品特点、生产企业本身的状况和要求、消费者购买要求以及其他的国际市场环境。

6. ABE。理由：在选择国外中间商时应注意以下几个方面的问题：①中间商的市场范围；②中间商的财务状况及管理水平；③中间商的专业知识；④中间商的地理位置和拥有的网点数量；⑤中间商的信誉；⑥预期合作程度。

7. AB。理由：根据进口中间商是否拥有商品的所有权也可以将其区分为两大类，即进口经销商和进口代理商。凡拥有商品所有权的，称为“进口经销商”；凡接受委托、不拥有商品的所有权并以佣金形式获取报酬的，称为“进口代理商”。

8. ABCD。理由：无门市零售形式包括直复市场营销、直接销售、自动售货、购货服务公司。

9. ABCD。理由：国际物质分销目标可分为以下几类：①经济性目标；②安全性目标；③灵活性目标；④方便性目标。

10. CD。理由：国际物质分销主要包括商品的包装（保护性包装）、装卸、储存、运输、加工整理等。其中，储存与运输是物质分销的中心环节。

11. ABC。理由：在国际营销活动中，针对不同的企业条件以及交通运输、市场变化等情况，常用的订货方法有以下几种：①自动订货法；②保险订货法；③经济批量订货法。

（五）判断题

1. 错误。理由：营销辅助机构是那些不参与商品交换（这里的交换是指买卖双方为达成交易而进行的谈判过程），但对商品交换的实现提供支持的各种机构，如管理顾问公司、商业银行、运输公司、仓储公司、保险公司等。

2. 正确。理由：零售业发展的另一趋势是它的规模化和连锁化经营。规模化主要通过连锁经营的途径来实现。连锁经营的基本原理是将进货与销售两种零售功能区分开来，由总部进行大量集中的进货，由众多分散的店铺实现大量销售，并以此来克服零售业固有的小规模分散性的缺点。

3. 错误。理由：经纪人只负责给买卖双方牵线搭桥，既不拥有商品所有权，也不实际持有商品和代办货物运输工作。

4. 正确。理由：佣金商属于代理商，并不拥有商品的所有权。

5. 错误。理由：自己进货，并取得产品所有权后再出售的商业企业是经销商。

6. 正确。理由：出口代理商是指接受出口企业的委托代理出口业务的中间商。出口代理商不以自己的名义向国外买主出售商品，而只是接受国内卖主的委托，以委托人的名义，在双方协议所规定的条件下，代理委托人开展出口业务，不拥有商品所有权，而在商品售出后向委托人收取一定的佣金。对于中小企业而言，开始从事国际市场营销时利用出口代理商是较为理想的市场进入方式。

7. 正确。理由：销售代理商常能够影响甚至决定出口商品的价格、分销渠道和促销方式，因此他们实际上相当于生产企业的销售部门，负责生产企业全部产品的销售。

8. 错误。理由：通常情况下，资本不是渠道设计中的关键因素，除非企业的业务正处在不断扩展阶段，或者建立自己投资的国际分销渠道，成本、控制、覆盖、特征、连续性等因素才是左右渠道设计的关键。

9. 正确。理由：渠道设计会直接影响企业对国际市场营销的控制程度。企业自己投资建立国际分销渠道时，将最有利于渠道的控制，但增加分销渠道成本。如果使用中间商，企业对渠道的控制将会相对减弱，而且会受各中间商愿意接受控制的程度的影响。一般来说，渠道长度越长，渠道宽度越宽，企业对价格、促销、顾客服务等的控制就越弱。

10. 错误。理由：消费品分销渠道一般较宜通过国外进口商采取间接分销，而不是直接分销。

11. 正确。理由：消费品中的特殊品，尤其是名牌产品多采用独家分销策略。

12. 正确。理由：要提高顾客购买的方便性，通常就需要以牺牲规模经济为代价，因此在同一时期应注意不要同时确立几类相互矛盾的目标，避免在物质分销中造成混乱。

13. 错误。理由：保险订货法是指企业保持一定的商品库存作为保险系数，保证连续销售。当企业能够比较准确地预测产品交货期限时可以采用保险订货法。其优点是能够防止脱销。

14. 正确。理由：企业在选择仓库位置时要注意以下几点：①用户的地理分布和要求的运输量。由于运费等于运输量、运输里程和单位运价三者的乘积，所以仓库位置应选在运输吨公里最大的用户的位置。②用户要求的服务水平。③仓库位置与仓库数量的配合关系。

（六）简答题

1. 答：国际贸易活动中常见的销售渠道环节有：①出口国销售渠道；②出口商与进口商之间的销售渠道；③进口商的销售渠道。

2. 答：利用出口代理商可使生产企业获得几种好处：出口代理商可随时向生产企业提供外国市场信息和国际市场营销技术；由于同时经营几种互补产品，出口代理商在远洋运输和海外市场代理方面可以取得规模经济；利用出口代理商可节省为建立自己的出口部门所耗费的时间和费用；出口代理商也可使生产企业对海外购买者具有较大的控制权。

3. 答：营销者在选择国际分销渠道时一般要考虑六个因素：成本（Cost）、资金（Capital）、控制（Control）、覆盖（Coverage）、特征（Character）和连续性（Continuity）。这六个因素被称为渠道决策的六“C”。

4. 答：企业在制定分销渠道宽度决策时面临以下三种选择：①广泛分销，即在某一市场上使用尽可能多的中间商从事产品的分销，使渠道尽可能加宽。②独家分销，即在一定地区、一定时间内只选择一家中间商经销或代理，授予对方独家经营权，这是最窄的一种分销渠道形式。③选择性分销，即在市场上选择部分中间商经营本企业产品，这是介于上述两个极端之间的一种中间形式。

5. 答：企业在选择国外中间商时应注意以下几个方面的问题：①中间商的市场范围；②中间商的财务状况及管理水平；③中间商的专业知识；④中间商的地理位置和拥有的网点数量；⑤中间商的信誉；⑥预期合作程度。

6. 答：企业在选择国外中间商时一般应按照以下八个程序进行：①收集信息；②制定标准；③发出邀请；④初步筛选；⑤核实内情；⑥深入调研；⑦确定对象；⑧签订合同。

7. 答：国际物质分销渠道管理包括订货决策、存货控制和管理、仓库管理和运输管理等。

8. 答：物质分销在国际市场营销中的重要性主要体现在以下几个方面：①物质分销的运行状态影响企业的经济效益；②物质分销的效率与质量关系顾客的满意度；③物质分销是最后完成销售的保证；④物质分销是实现整合营销的重要环节。

（七）案例分析

［答案要点］

案例 9－1

1. 舒适公司在日本市场选择了一家日本的独立代理商，采用广泛分销的策略；而吉列公司在日本市场通过自己的销售人员销售，采用独家经销的策略。

2. 吉列公司的产品销售不尽如人意主要还是分销策略的问题。刀片作为一种日常消费品，需求量大，面广，适宜采用广泛分销的策略。

案例 9－2

1. 耐克公司的运动衣和运动鞋的销售采用了选择性分销的策略，但又不是让所有愿意经销的几个经销商来经营耐克的产品。

2. 采用选择性分销策略，公司不必在众多的销售点耗费自己的精力，能够和挑选出来的中间商建立良好的工作关系；能使生产者获得足够的市场覆盖面，与密集型分销相比有较大的控制和较低的成本。

案例 9－3

1. 斯迪哈公司采用了多渠道的策略，公司通过更多的渠道去面对不同的细分市场。

2. 采用多渠道策略，公司可以得到三个重要的好处：①增加了市场覆盖面；②降低渠道成本；③可以实行顾客定制化销售，公司可以增加其销售特征更适合顾客要求的渠道。

（八）实践活动

［要点提示］

实践活动的目的是让学生了解市场分销渠道的概念、特征与作用，渠道的类型与结构，掌握分销渠道的设计与管理，了解和熟悉中间商及其批发商、零售商的工作。

通过上述案例，我们基本上可以知道如何设计一个大框框的销售渠道，但实践中在设计分销渠道时，必须在理想的渠道和可能得到的渠道之间作出抉择。最后确定达到目标市场的最佳渠道，最佳渠道是对目标市场的覆盖能力最强、使目标市场的顾客满意程度最高、对生产者能提供较多利润的渠道。

在分析周围工业企业或商业企业的分销渠道设计和评价其是否合理科学时，我们必须利用所学的知识，站在理想、科学和实际之间进行平衡，任何一种销售渠道都没有绝对的合适和绝对的科学，只有适应和不适应之分，在设计和评价的时候避免用固有的思维，要拓宽思维采取设计较为合适或最合适的思路和评价意见。

第十章
国际市场促销策略

一、练习题

（一）名词解释

1. 国际促销　　2. 国际促销组合策略　　3. 国际公共关系
4. 国际营业推广　　5. 国际人员推销

（二）填空题

1. 常用的国际促销方式有________、________、________、________。
2. 国际促销本质上是一种对顾客的________、________和________活动。
3. 引发、刺激消费者产生购买行为是促销的________。
4. 从市场地理范围大小看，若促销对象是小规模的本地市场，应以________推销为主。
5. 广告媒体中四种最常用的媒体是________、杂志、广播和电视。
6. 产品广告通常包括________、________、________。
7. 广告效果测定包含促销效果测定和________测定。
8. 在消费品促销中应用最广的促销方式是________。
9. 对国际推销人员的营业推广的方式有________和________。
10. 公共关系是一定的________与其相关的社会公众之间的相互关系。
11. 适合于在某一特定时期、一定任务条件下的短期性促销活动中使用的方式是________。
12. 购买折扣、销售竞赛和经销奖励是促销活动中向________推广的方式。
13. 广告效果不仅决定于广告设计的质量，还取决于广告________的选择。
14. 公共关系的目标是在社会公众中树立良好的________和________。

（三）单项选择题

1.（　　）在促销时往往广告用得较多，人员推销用得较少。

A. 低价消费品　　B. 高价消费品
C. 低价工业品　　D. 高价工业品

2. “推式”策略，就是企业运用由（　　）、中间商促销等方式组成的促销组合把产品从分销渠道的起点逐级推往终端。

A. 广告　　B. 公共关系

C. 消费者促销　　D. 人员促销

3. 生产资料和技术性较强或购买决策复杂的产品的销售适合采用（　　）方式。

A. 人员推销　　B. 广告

C. 公共关系　　D. 营业推广

4.（　　）在促销时，往往广告和人员推销都用得较多。

A. 低价消费品　　B. 高价消费品

C. 低价工业品　　D. 高价工业品

5. 根据顾客的行业、规模、分销渠道的不同而分别配备推销人员的管理模式是（　　）。

A. 区域结构式　　B. 产品结构式

C. 顾客结构式　　D. 复合结构式

6. 促销工作的核心是（　　）。

A. 出售商品　　B. 沟通信息

C. 建立良好关系　　D. 寻找顾客

7. 促销的目的是引发、刺激消费者产生（　　）。

A. 购买行为　　B. 购买兴趣

C. 购买决定　　D. 购买倾向

8. 对单位价值高、性能复杂、需要做示范的产品，通常采用（　　）策略。

A. 广告　　B. 公共关系

C. 推式　　D. 拉式

9. 公共关系是一项（　　）的促销方式。

A. 一次性　　B. 偶然

C. 短期　　D. 长期

10. 人员推销的缺点主要表现为（　　）。

A. 成本低，顾客量大　　B. 成本高，顾客量大

C. 成本低，顾客有限　　D. 成本高，顾客有限

11. 企业广告又称（　　）。

A. 商品广告　　B. 商誉广告

C. 广告主广告　　D. 媒介广告

12. 在产品生命周期的投入期，消费品的促销目标主要是宣传介绍产品，刺激购买欲望的产生，因而主要应采用（　　）促销方式。

A. 广告　　B. 人员推销

C. 价格折扣　　D. 销售促进

13. 企业在销售现场设置的橱窗广告、招牌广告、柜台广告、货架广告等称为（　　）。

A. 户外广告　　B. 视听广告

C. POP 广告　　D. 印刷广告

14. 公关活动的主体是（　　）。

A. 一定的组织　　B. 顾客

C. 政府官员　　D. 推销员

15. 公共关系目标是使企业（　　）。

A. 出售商品　　B. 赢利

C. 广结良缘　　D. 占领市场

16. 一般日常生活用品，适合于选择（　　）做广告。

A. 人员　　B. 专业杂志

C. 电视　　D. 公共关系

（四）多项选择题

1.（　　）是属于户外广告。

A. 商品目录　　B. 招贴

C. 交通广告　　D. 报纸

E. 广告牌

2. 企业促销目的着眼于树立形象，建立知名度和较长久的竞争力，在促销组合的选配上就应注重于（　　）。

A. 人员推销　　B. 广告

C. 公共关系　　D. 营业推广

3. 产品投入期，促销组合应以（　　）为主。

A. 人员推销　　B. 广告

C. 公共关系　　D. 营业推广

4. 对消费者的营业推广活动有（　　）。

A. 现场示范　　B. 折扣券

C. 有奖销售　　D. 合作广告

E. 分期付款

5. 促销的具体方式包括（　　）。

A. 市场细分　　B. 人员推销

C. 广告　　D. 公共关系

E. 营业推广

6. 促销策略从总的指导思想上可分为（　　）。

A. 组合策略　　B. 单一策略

C. 推式策略　　D. 拉式策略

E. 综合策略

7. 促销组合策略的制定其影响因素较多，主要应考虑的因素有（　　）。

A. 消费者状况　　B. 促销目的

C. 产品类型　　D. 产品生命周期

E. 企业实力

8. 国际市场人员推销的管理包括（　　）。

A. 选拔　B. 培训
C. 考核　D. 激励

9. 人员推销的基本形式包括（　）。

A. 上门推销　B. 柜台推销
C. 会议推销　D. 洽谈推销
E. 约见推销

10. 广告最常用的媒体包括（　）。

A. 报纸　B. 杂志
C. 广播　D. 电影
E. 电视

11. 常用的国际公共关系策略有（　）。

A. 宣传性公关　B. 征询性公关
C. 交际性公关　D. 服务性公关
E. 社会性公关

（五）判断题

1. 人员促销亦称直接促销，它主要适合于消费者数量多、比较分散情况下进行促销。（　）

2. 企业在其促销活动中，在方式的选用上只能在人员促销和非人员促销中选择其中一种加以应用。（　）

3. 广告促销具有费用较高、制作较复杂、购买效应滞后的缺点。（　）

4. 由于人员推销是一个推进商品交换的过程，所以买卖双方建立友谊、密切关系是公共关系而不是推销活动要考虑的内容。（　）

5. 因为促销是有自身统一规律性的，所以不同企业的促销组合和促销策略也应该是相同的。（　）

6. 推销员除了要负责为企业推销产品外，还应该成为顾客的顾问。（　）

7. 品牌广告的目的在于树立良好的品牌形象，对市场消费起到品牌导向的作用。（　）

8. 公益广告的目的是树立企业的良好形象。（　）

9. 非人员促销适用于消费者数量多、比较集中的情况。（　）

10. 广告促销的最终目标是为了树立产品形象。（　）

11. 广告效果的测评包括广告的促销效果和传播效果。（　）

12. 公共关系是一种信息沟通，是创造“人和”的艺术。（　）

13. 通过赞助文化、教育、体育、卫生等事业，支持社区福利事业，参与国家、社区重大社会活动等形式来塑造企业的社会形象是服务性公共关系。（　）

（六）简答题

1. 常用的四种促销方式各有什么优缺点？

2. 影响国际市场促销组合的因素有哪些？

3. 在国际市场上采用人员推销方式，有什么优缺点？
4. 什么是国际广告的标准化和个性化？
5. 在选择国际广告媒体的时候，企业应考虑哪些问题？
6. 影响国际市场营业推广的因素有哪些？
7. 如何理解国际公共关系的实质？
8. 国际公共关系促销的策略有哪些？

（七）案例分析

案例 10－1：高露洁—棕榄公司在印度

美国个人护理品制造商高露洁—棕榄公司在印度有很长的发展史，是印度牙膏市场的领导者，到 2003 年，公司在印度农村地区的牙膏销售额将超过在印度销售总额的 50%。公司计划通过宣传口腔卫生知识和推广高露洁品牌，吸引成百上千万的农村人口使用高露洁产品。目标人群是那些从来没有使用过口腔卫生用品、目前仍在使用牙粉的农村消费者。

印度农村地区文盲率很高，只有三分之一的农村人口家里有电视机。这表明大量的农村人口从来没有听说过牙膏和牙刷，他们倾向于使用木炭和盐这样传统的牙齿清洁剂。

为实现销售目标，高露洁—棕榄公司使用了多种促销手段，一项重要的推广手段是将促销车开到农村地区宣传，车上配备录像、教育材料和样品，然后每月回访一次。这项活动的覆盖范围从 1995 年的 6 000 个乡村和 900 万人口扩大到 1996 年的 16 000 个乡村和 1 000 多万人口。

这项营销活动的另一项是向农村人口免费提供价值 1 比索（折合 2 美分）的 10 克袋装牙膏试用。

此外，公司推出新式牙粉盒，使用 7 种当地语言印制标签。公司在去各个农村地区的宣传车或火车上设有牙科诊所，诊断对象涵盖所有年龄段。公司高度重视批发商，由他们确保在农村地区的产品供应。最后，高露洁公司和知名的政府机构及牙科协会共同推进口腔卫生活动。

请问：

分析高露洁—棕榄公司在印度农村市场所采用的促销组合策略。

案例 10－2：好友宠物照顾公司

好友宠物照顾公司在美国 18 个州开设了 38 个宠物保护中心，为狗和猫提供寄宿服务，包括清洁、日常护理、锻炼和通宵住宿等。它每开一个新店，公司就停止了有线电视广告，并开始发送直接邮件，邀请人们来参观它的最新型的设施。它在康涅狄格的蒙福特隆重开业时，引进了比苏文——一个犬类电影明星，并提出参观者可以和它免费合影。这次促销吸引了 7 000 位参观者！参观者来到宠物保护中心后，与专门训练过的工作人员一起参观这些设施，这些专业人员运用了较高的个人销售方法，向顾客推介他们的服务。好友宠物照顾公司正在使用一组发展战略，计划未来三到四年扩张门市家数一倍。

请问：

好友宠物照顾公司采用了什么促销组合策略？

案例 10 - 3：泰科 · 贝尔的广告

泰科 · 贝尔 1994 年在快餐连锁店排名第四，然而，它的收益不断下降。1997 年，连锁店在一次谈话性的电视节目中播放了一则广告：一只饥饿的小狗，用西班牙语表述“我想要一些泰科 · 贝尔”，从此泰科 · 贝尔声名鹊起，这只小狗打动了 18 ~ 35 岁顾客的心弦。连锁店大量生产和推出了给人印象深刻的相关商品，诸如有小狗图案的 T 恤衫、杂志、帽子和会说话的洋娃娃，而且这也为泰科 · 贝尔增加了收益。小狗形象促进了泰科 · 贝尔的销售，在 1997 年上升了 4.3%，同时，连锁店年终的销售额为 45 亿美元。

请问：

泰科 · 贝尔的这一广告成功说明了什么问题？

案例 10 - 4：阿克在印度

阿克（Akai）是一家日本的立体声设备和电视机的制造商，它在印度成为电视机的市场领导者。它为消费者的黑白电视机更换新的彩色电视机提供良好的折价。在其他时间，每销售一台电视机，它将提供一个免费手表，或者计算器或收音机。这种经常的促销使阿克在印度成为一个非常流行的品牌，而像索尼这样的竞争者是不会用同样的方式竞争的。

请问：

1. 阿克在印度的销售主要采用了什么策略？
2. 采用这种策略有什么优缺点？

案例 10 - 5：微软和 Windows 95

在 1995 年，即 Windows 95 首次进入市场以前，没有任何关于该产品的广告，但此时它已人人皆知。华尔街杂志估计，在 6 月 1 日至 8 月 25 日之间，有近 3 000 条关于 Windows 95 的新闻，共 6 852 篇报道，约 300 多万字。在世界各地的微软人员都挂起了 600 英尺长的 Windows 95 巨型横幅，在纽约的总部大楼也被粉刷成象征 Windows 95 的红、黄、绿三色。微软公司使《伦敦时报》的日发行量达 150 万份。当 Windows 95 最终在市场上开始销售时，成千上万的人竞相排队购买。在它上市一周内，仅在美国市场就创造了 10.8 亿美元的销售额。

请问：

1. 微软公司对 Windows 95 采用了什么促销策略？
2. 这种策略有什么优点？

（八）实践活动

目的与要求

通过对以下材料的分析，掌握广告在促销中的作用。

材料

一次成功的户外现场促销

社区营销的关键是把握每一次的现场促销，而现场促销的好坏是由多种因素综合影响的结果，要提高促销效率，必须把握促销的所有细节工作，下面笔者以一次按摩器的成功现场促销为例与营销同行进行交流。

一、促销主题

促销主题是促销活动的灵魂，是顾客心理上接受促销的最好借口，当时正值中秋来临，所以我们的促销主题为“中秋大团圆，健康合家欢，×××关爱生命大行动”，并临时印制了活动宣传单。

二、促销价格

既然是促销，大部分商家必涉及优惠或“打折”问题，促销价格制定必须迎合顾客对当前普遍产品促销的认知心态，降价幅度小了，没兴趣，太大了，消费者又没信心，而且商家还要考虑成本，所以本次促销活动的优惠政策经我们反复讨论设定在优惠幅度为80元（即原价248元，促销价168元）。并且我们对优惠设定了一条理由：企业回报社会，纯成本销售，只做宣传工作。

三、促销场地

本产品属于中档层次产品，所以促销现场选择在小区的菜市场附近的一个三岔路口处，此路口刚好是此小区80%的居民和小部分其他小区居民的必经之道。有一个重要的信息是，当地因位置较偏僻，类似商业行为较少，对促销将大大有利。

四、时间安排

菜市场的人流高峰一般在早上7:30~9:30，同时为了避免炎热的天气，我们决定促销时间是7:00~10:00。

五、现场布置

因按摩器的促销以现场体验为主，所以我们在三岔路口旁选择了约20平方米左右的空地，空地后方摆放了两张促销台供存放货品和资料使用，同时后上方两条鲜明的6米长横幅“生命的不断延续，需要健康每一刻”（内涵在于——本按摩器方便实用，随时呵护您的健康），“中秋大团圆，健康合家欢，×××关爱生命大行动”。空地前方一字形摆放4顶广告太阳伞，整个场面显眼，基本达到引起路人注意的目的。为了能留住顾客，还准备了4台风扇及一台饮水机给顾客“降温”。

六、促销前工作准备

我们知道，只有充分的前期准备，才能做好一场促销活动。为规范整体促销形象，提高顾客的消费信心，我们规定员工统一工作装，佩戴工牌，并且规定标准用语，称呼一律去掉“先生、小姐”，改用“叔叔、阿姨、大哥、大姐、靓女、靓仔”，更具有亲和力；在与顾客的沟通中也规定常用语，“颤动中，心旷神怡”（按摩器的效果），“痛则不通，动则通，通则不痛”，“悠然自得中获得健康”，“跳一跳，十年少！动一动，好轻松！”等，这些用语形象生动地描述产品的效果，让顾客更易接受。

在人员分工方面，除了安排一个收款员专职收款和发货外，还安排了一个专职现场督导，随时监督与规范促销过程。为发挥促销员的能动性，规定促销过程“一条龙”，即从邀请到销售专人负责，谁销售谁提成，而且提成现金回公司后即刻当众公布发放。

促销前，我们对产品进行了全面检查，保证无一劣质产品，同时在前一天下午对所有促销员进行了产品解说和操作的强化培训，这些前期工作效益实际上已经在促销现场顾客对促销员的赞许中得到体现。

七、现场促销三部曲

1. 邀请

邀请作为现场促销的第一步，直接关系到顾客资源的多少，是非常重要的。促销员必须热情、大方，同时要注意礼仪规范。本次活动为了让促销员更具亲和力，我们专门进行了"微笑"训练，并强调将"微笑"和"问候礼仪"规范到平时的工作和生活中，将来才能习惯成自然。邀请用语必须简洁易懂、针对性强、有吸引力，做到有的放矢，切忌冗长、语言不清，如"您花三分钟，有意想不到的健康感受"，"按摩与理疗，双重功效，您可免费体验"等，这些口语可能让顾客一时不能完全明白我们讲的是什么东西（本身短时间内就无法明白），但因有悬念而具有一定的吸引力，很多顾客会留下来搞个明白。邀请时动作要得体，不能过于粗鲁，不能有强迫他人的行为，有些促销员为"提高"邀请率，挡住顾客去路，大有"不试就不让走的架势"，这样让顾客产生反抗心理，还"非走不可"，同时也给旁人留下非常不良的印象，我们给予及时制止。

为提高体验的成功率，我们要求促销员邀请顾客到促销区就座后才能进行体验，切忌站在路上随便一试，很容易导致顾客轻易离去的情况。"坐下，心才能放下"，买卖双方才能真正有"交易"的感觉。

2. 推销（体验与沟通）

本环节是决定促销成功的关键，促销员必须眼到、耳到、口到、手到和心到。"眼观六路，耳听八方"，随时观察整个推销过程中顾客的言行、情绪变化、周围环境变化以及各种对推销过程有影响的因素。比如当顾客在体验时皱眉，可能有不适感，必须调整力度与部位，直到让顾客满意；当临近顾客在发表负面意见时，最好采取"远离"办法，即找借口让你的意向客户到较远处去体验和沟通，我们把这种行为形象地称为"挡炮手"。本次活动就出现过当一个顾客准备购买时，听旁边另一顾客说"现在骗人的多，考虑再说"而放弃购买。当你发现顾客在犹豫是否购买时，最好"超前订单"，即你应该做顾客已经购买的工作，比如，询问购买数量、开收据等，当然这些工作必须在顾客当面进行，让顾客了解和认可。

在体验及推销过程中，应注意沟通的双向性，在你必要的解说后，应注意提一些问题让顾客回答或聆听顾客的问题，然后再作详细的回答，这样才能抓住顾客的需求点，找到一个最好的推销理由。在体验沟通过程中还应该注意语言的引导，如"是否会太重啊!""感觉可以吗?""舒服吗?""舒服的话就买一个吧，全家都可以使用，既实惠又方便!"在沟通过程中还必须运用生动形象的语言来进行产品的介绍，我们原来规定的标准用语"颤动中，心旷神怡"，"跳一跳，十年少！动一动，好轻松!"等让部分顾客在乐呵呵中接受了我们的产品。

整个体验促销中，我们不但强调促销员必须认真对待每一个环节，用心对待每一位顾客，还必须灵活把握时间。有一位促销员表现很认真和努力，但他的销售却是最少的，因为他三个多小时才体验四个顾客，而最后只有一个顾客购买。后来我们总结了一个原则，对这种中低价位的按摩器促销，每位顾客的体验及销售时间不能超过 15 分钟，特别在人流量大的时候可能更短，不然将导致大量的顾客资源流失。

3. 售后处理

当产品成交后很多人认为已经基本完成促销工作，往往忽略了售后的重要事项，其实这也是部分人对“促销”的狭义认识。促销不但现场销售产品，更重要的是对产品的宣传和后续获得更大的收益，当成交后，我们除了完善一些必要的手续外（保修），还必须将顾客的档案进行完整填写（以售后服务为理由引导顾客），同时向顾客说明工作人员对产品的质量负责，将定期电话跟进，避免以后顾客对回访电话出现拒绝态度。现场我们还引导顾客如果使用效果好希望对产品进行大力宣传，对作出宣传贡献（产生销售）的顾客，我们给予一定的物质奖励，奖励政策这里不公开，其他企业可以根据自己的原则制定。

实践内容

某国际著名品牌电子公司决定进入中国学生外语学习机市场。为让学生感受该品牌产品的特性，拟与一学校合作在校内举办一次产品促销活动，力图通过促销提升该品牌在学校的影响力，提高学生对该品牌的认知度及美誉度，并借此进行试销。现请你为该公司撰写一份促销方案。

二、参考答案

（一）名词解释

1. 国际促销是指企业通过人员推销或非人员推销的方式，向国际市场顾客传递产品或服务的存在及其性能、特征等信息，帮助消费者认识产品或服务所带来的利益，从而引发兴趣、激发购买欲望及产生购买行为，以培育顾客对品牌的购买忠诚度、实现扩大销售量或提高市场占有率的活动。

2. 国际促销组合策略是指将人员推销、广告、营业推广和公共关系方式有机搭配起来并综合运用以实现最佳促销效果的方法。

3. 国际公共关系是指企业在国际市场上通过持续不断的各种沟通手段，争取国际市场顾客和社会各界公众以及企业员工的好感、支持与协作，建立企业良好形象的活动。

4. 国际营业推广是指企业在国际目标市场为刺激需求和鼓励消费而采取的具有短期诱导性的战术性促销活动。

5. 国际人员推销是指企业通过派出推销人员或委派专职推销机构人员向国际市场目标顾客直接宣传、介绍产品，以促成交易的活动。

（二）填空题

1. 人员推销　广告　营业推广　公共关系

2. 告知　说服　沟通

3. 目的

4. 人员

5. 报纸

6. 开拓性广告　劝告性广告　提示性广告
7. 传播效果
8. 营业推广
9. 销售竞赛　销售培训
10. 社会组织
11. 营业推广
12. 国际渠道商
13. 媒体
14. 企业形象　产品形象

（三）单项选择题

1. A。理由：消费品与生产者用品的促销组合是有区别的。广告一直是消费品的主要促销工具，人员推销是工业品的主要促销工具。因为低价消费品购买者多而分散，分布广泛，购买频率较高，且产品技术性较简单，标准化程度高，因此不便于人员推销，广告则有较普遍的适用性。

2. D。理由：所谓“推式”策略，就是企业运用由人员推销、中间商促销等方式组成的促销组合把产品从分销渠道的起点逐级推往终端。

3. A。理由：在销售生产资料和技术性较强或购买决策复杂的产品时，采用人员推销的方式能更好地和顾客沟通，了解顾客的需要，及时地解答顾客的各种各样的疑问，并及时地针对顾客的需要提供服务，促进成交。

4. B。理由：一般来讲，低价消费品使用广告多，人员推销少；高价消费品使用广告多，人员推销也多；低价工业品使用广告中等，人员推销多；高价工业品使用广告少，人员推销多。

5. C。理由：顾客结构式管理模式是指根据顾客的行业、规模、分销渠道的不同而分别配备推销人员。如某旅行社按顾客结构将推销部门划分为散客组、学校组、机团组等。

6. B。理由：国际促销本质上是一种对顾客的告知、说服和沟通活动，是企业通过各种渠道（途径）对国际市场顾客传播企业和产品信息，以便对特定沟通对象的行为与态度进行有效的影响的过程。

7. A。理由：国际促销是企业通过人员推销或非人员推销的方式，向国际市场顾客传递产品或服务的存在及其性能、特征等信息，帮助消费者认识产品或服务所带来的利益，从而引发兴趣，激发购买欲望及产生购买行为，以培育顾客对品牌的购买忠诚度、实现扩大销售量或提高市场占有率的活动。

8. C。理由：对单位价值高、性能复杂、需要做示范的产品，采用推式策略能够比较直观地将商品演示、推介给顾客。

9. D。理由：公共关系的目标是在社会公众中树立良好的企业形象与产品形象。企业开展公共关系活动，着眼于建立对顾客的持久拉引力，它通过积极与各界公众沟通信息，树立良好的信誉和形象，以赢得社会各界的了解、好感、信任、合作和支持，从而提高社会公众对企业及其产品的认同感与接受程度。而公共关系的建立是个持续的过程。组织间的关系归根结底需要人去推动，因而，同人与人间的关系一样，“路遥知马力，日久见人心”，企业与公众组织之间良好互信关系的建立，需要稳定的、有计划的、持续不懈的努力。企业良好形象的建立是日积月累的结果。

10. D。理由：人员推销的缺点是成本高，传播范围有限，对推销人员的素质要求高。

11. B。理由：企业广告一般不直接介绍产品，而是通过宣传企业的宗旨与成就，介绍企业的发展历史、企业文化、企业实力等，或以企业名义进行公益宣传，以便提高企业的声誉，在消费者心目中树立良好的企业形象，所以又称为“商誉广告”。

12. A。理由：在产品生命周期的投入期，采用广告方式能够更好地宣传产品，让消费者熟悉产品。

13. C。理由：POP 广告（Point of Purchase Advertising）包括企业在销售现场设置的橱窗广告、招牌广告、墙面广告、柜台广告、货架广告等。

14. A。理由：国际公共关系是企业或其他经济组织，为了取得国际市场上社会公众和顾客以及企业员工的了解和信赖，促进销售，建立企业的良好形象而进行的各种信息沟通活动的总称。其主体为企业或其他经济组织。

15. C。理由：公共关系的目标是在社会公众中树立良好的企业形象与产品形象。企业开展公共关系活动，着眼于建立对顾客的持久拉引力，它通过积极与各界公众沟通信息，树立良好的信誉和形象，以赢得社会各界的了解、好感、信任、合作和支持，从而提高社会公众对企业及其产品的认同感与接受程度。

16. C。理由：电视广告的优点是：覆盖面广、传播速度快、送达率高；集形象、声音、色彩、动作于一体，生动直观、易于接受、感染力强。杂志比较专业和权威，读者对象比较确定，易于送达特定的顾客群，但出版周期长、时效性差、发行量比较小、送达面较窄。而日常生活用品，市场覆盖面大，所以适宜采用电视广告的方式。

（四）多项选择题

1. BCE。理由：户外广告包括路牌广告、招贴广告、交通工具上的广告以及布置在文体活动场所的广告等。

2. BC。理由：一般来说，如企业促销目的强调近期效果，在这种目的指导下促销组合选配应注重加大人员推销、营业推广和广告的力度；如企业促销目的着眼于树立形象，建立知名度和较长久的竞争力，在促销组合的选配上就应注重于公共关系与广告活动，通过公共关系和广告来树立良好的形象和建立知名度。

3. BC。理由：在产品生命周期的不同阶段，采用的组合策略也有所不同。根据菲利普·科特勒的研究成果，从成本效应方面来考察，在产品投入期，促销组合应以广告和公共关系为主；在产品成长期，促销组合应以广告和公共关系为主，但广告内容应突出宣传产品品牌、特色和优势；在产品成熟期，促销组合应加大并以营业推广为主；在产品衰退期，促销组合应降至最低并仍以营业推广为主。

4. ABC。理由：对消费者的营业推广的主要方法有折扣、赠送样品、赠送代价券、竞赛抽奖、有奖销售、销售积分、会员卡、现场示范、附加赠送、以旧换新、商品展销、降价销售等。

5. BCDE。理由：常用的国际促销方式主要有人员推销、广告、营业推广和公共关系四种形式。

6. CD。理由：企业的促销策略，从总的指导思想上来说大致可以分为“推式”策略和“拉式”策略。所谓“推式”策略，就是企业运用由人员推销、中间商促销等方式组成的促销组合把产品从分销渠道的起点逐级推往终端。所谓“拉式”策略，就是企业针对最终消费者，利用由广告、公共关系及消费者促销等方式形成的促销组合，吸引消费者采取购买行动。

7. BCDE。理由：企业在选择国际促销组合策略时应注意以下几个方面的影响因素：①推式或拉式策略；②促销目的；③产品类型；④产品生命周期；⑤顾客购买阶段；⑥企业实力。

8. ABCD。理由：国际市场人员推销的管理包括选拔、培训、考核和激励。选拔高素质的推销员是国际市场人员推销管理的中心工作；在选聘工作完成后，应对推销人员进行集中培训；对国际市场推销员的考核可以奖勤罚懒、奖优罚劣，进而促进推销人员的工作；国际推销人员的激励也是推销管理工作的重要环节。

9. ABC。理由：人员推销主要有三种形式：上门推销、柜台推销和会议推销。

10. ABCE。理由：广告媒体的种类很多，主要有电视、广播、报纸、杂志、直接邮寄、户外广告等。

11. ACDE。理由：常用的公共关系策略主要有以下几种：宣传性公共关系策略、交际性公共关系策略、服务性公共关系策略、社会性公共关系策略。

（五）判断题

1. 错误。理由：人员促销依靠促销人员与顾客直接沟通信息，成本高，传播范围有限。不适宜在消费者数量多、比较分散的情况下使用。

2. 错误。理由：企业在其促销活动中，应该将人员推销、广告、营业推广和公共关系四种形式有机搭配起来并综合运用以实现最佳促销效果。

3. 正确。理由：广告促销的缺点包括：制作复杂，说服力较小；消费者对产品的反馈情况不易掌握，购买效应滞后。

4. 错误。理由：在与顾客沟通交流过程中，人员推销可以通过良好的形象和服务促进与国际市场顾客的良好关系，进而建立深厚的友谊，通过友谊又可以争取老顾客的长期合作和认识更多的新顾客，形成良好的关系营销氛围。

5. 错误。理由：由于企业的促销目的、产品类型、产品生命周期、顾客购买阶段、企业实力等各不相同，所以不同企业的促销组合和促销策略也不同。

6. 正确。理由：推销人员在推介产品的过程中，可以及时地解答顾客各种各样的疑问，并及时地针对顾客的需要提供一系列如示范、送货、简单维护等服务，消除国际市场顾客由于对技术及商品规格、性能、用途、语言文字等不了解，或者由于社会文化、价值观念、审美观、风俗习惯的差异而产生的各种怀疑，提升顾客的购买意愿与满意度。

7. 正确。理由：品牌广告在宣传中突出加深消费者对产品品牌的了解，以便树立良好的品牌形象，对市场消费起到品牌导向的作用。

8. 正确。理由：公益广告主要通过宣传公益事业或公共道德，实现企业的社会营销观念或绿色营销观念，有利于树立企业的良好形象。

9. 错误。理由：非人员促销是一种单向沟通的方式，适用于消费者数量众多且分散的情况。

10. 错误。理由：广告目标总的来说，一是通过广告在公众中树立企业或产品的良好形象；二是引起和刺激公众对本企业产品的兴趣并产生购买行为。当然，最终的目标是为了赢利。

11. 正确。理由：广告效果的评测包括两个方面内容：一是广告的促销效果；二是广告的传播效果。广告促销效果的评测，就是评测广告前后销售额的增长量。广告传播效果的评测，就是评测广告将信息有效地传递给目标受众的程度。

12. 正确。理由：国际公共关系是指企业在国际市场上通过持续不断的各种沟通手段，争取国际市场顾客和社会各界公众以及企业员工好感、支持与协作，建立企业良好形象的活动。

13. 错误。理由：通过赞助文化、教育、体育、卫生等事业，支持社区福利事业，参与国家、社区重大社会活动等形式来塑造企业的社会形象是社会性公共关系策略。

（六）简答题

1. 答：常用的四种促销方式的优缺点如下表：

促销方式	优　点	缺　点
人员推销	直接面对顾客，有利于交流和沟通，便于解答顾客提出的各种问题，及时促成交易	成本高，传播范围有限，对推销人员的素质要求高
广告	辐射面广，形式多样，可根据产品特点和消费者情况灵活地选择广告媒体，并可多次重复宣传	制作复杂，说服力较小；消费者对产品的反馈情况不易掌握，购买效应滞后
营业推广	刺激强烈迅速，吸引力大，能起到改变消费者购买习惯的作用，并可促成即时购买	刺激时间较短，有时会导致消费者的顾虑和不信任，降低商品在消费者心中的档次
公共关系	影响面广，影响力持久，易获得公众信任，建立企业和产品的形象和信誉	见效缓慢，须经常推动，花费较大，效果难度大

2. 答：影响国际市场促销组合的因素有：①推式或拉式策略；②促销目的；③产品类型；④产品生命周期；⑤顾客购买阶段；⑥企业实力。

3. 答：在国际市场上采用人员推销方式，主要有以下优点：①目标明确，双向反馈；②灵活机动，创造需求；③服务周到，促进成交；④培养感情，密切关系。

其缺点在于：①推销人员不可能遍布国际市场，推销范围也不可能太大，信息传播范围有限，因而往往只能做选择性和试点性的推销。②推销人员在国际市场上的差旅费一般比较高，增加了销售成本，这显然不利于企业在国际市场上开展竞争。③国际市场推销人员的素质要求很高，而高素质的推销人员又很难得到，也不易培养。

4. 答：企业在做国际广告时所面临的一个主要选择就是广告信息的标准化和个性化。

国际广告的标准化是指企业在不同国家的目标市场上，使用主题或形象相同的广告宣传。这种策略要求撇开各国市场的个性，强调基本需求的一致性。

国际广告的个性化则是指企业针对各国市场的特性，向其传送不同的广告主题和广告信息，它强调的是各国市场的差异性。

5. 答：在选择国际广告媒体时，企业应着重考虑以下问题：①目标市场国媒体的传播与影响范围；②目标市场国媒体的社会威望与特点；③媒体发布广告的时间是否适宜；④目标市场国各媒体的收费情况；⑤目标市场国对媒体的管制情况；⑥产品信息适合于用何种媒体传播。

6. 答：影响国际市场营业推广的因素有当地政府的限制、经销商的合作态度和市场的竞争程度。

7. 答：对国际公共关系实质的理解，应注意以下几方面的内容：①公共关系的目标是在社会公众中树立良好的企业形象与产品形象；②公共关系的对象是各界公众组织；③公共关系的建立是个持续的过程；④公共关系的基本理念是平等相待、合作共赢。

8. 答：常用的公共关系策略主要有以下几种：①宣传性公共关系策略；②交际性公共关系策略；③服务性公共关系策略；④社会性公共关系策略。

（七）案例分析

[答案要点]

案例 10－1

高露洁—棕榄公司在印度农村市场所采用的促销组合策略主要有：

（1）广告宣传。通过促销车开到农村地区以及电视广播、招贴广告等宣传手段。

（2）营业推广。通过赠送样品进行产品的推广。

（3）公关关系。在去印度农村地区的宣传车上或火车上设牙科诊所，并联合知名的政府机构和牙科协会共同推进口腔卫生活动。

案例 10－2

好友宠物照顾公司在产品市场寿命周期的进入期，采用人员推销和邮件广告，以及请犬类明星做现场销售促进等促销手段。

案例 10－3

泰科·贝尔广告的成功说明了广告的创意非常重要。一则广告只有获得注意才能增加品牌的销售量。

案例 10－4

1. 阿克在印度的销售主要采用了对消费者的营业推广策略，通过向消费者提供以旧换新和提供赠品的手段来促进销售。

2. 采用这种促销策略可以提高销量，带动销售。但是如果一个品牌常靠价格来促销的话，消费者会认为它是便宜的品牌，通常只是在大减价的时候才购买，这会影响品牌形象。

案例 10－5

1. 微软公司在 Windows 95 上市之前，采用了宣传性的公共关系促销策略。

2. 宣传性公共关系策略是指企业在目标市场国利用各种传播媒介和沟通方式，进行对内对外信息传播，让各类公众充分了解组织，支持组织，进而形成有利于组织发展社会舆论，树立良好组织形象的公共关系方法。采用这种策略，公司无须为宣传媒体的空间和时间付费，但在公众知晓方面产生巨大的影响力。

（八）实践活动

[要点提示]

现代市场营销不仅要求企业开发适销对路的产品，制定有吸引力的价格，选择合适的渠道，而且还要求企业加强促销活动，运用各种有效的促销策略。实践的目的就是通过材料和案例，熟悉促销与促销组合，掌握人员推销，熟悉广告促销、公关促销、营业推广等促销知识，学会如何设计促销方案。

在设计促销方案的时候一般要把握以下几个要素：一是促销活动背景分析。二是促销目的。三是促销活动主题设计。四是促销内容的设计，这里最为关键的一条原则就是简单、简洁、明了。任何一家成熟公司的区域经理在做促销方案时，都反对把简单的事情复杂化，做方案一定要考虑可操作性，切忌理想化、书生气，以至闭门造车。圈子内有一句话是“三分策划，七分执行”，就很好地说明了促销方案的内容设计要注重它的可执行性。方案内容必须给目标对象留下深刻印象，它不能太复杂、太高深、太花哨、模棱两可或是难以理解。促销方案必须是一个简单的概念，用简洁的语言表达出来，并能很快地为业务员、促销员、分销商、终端商以及广大的消费者所理解和易于接受。五是促销时间的设计。六是要设计好促销活动执行细案和细则。七是要做好促销活动的评估。既有定量分析，又有定性分析。如此循环，才能得到更好的提高。

参考文献

1. 夏暎. 市场营销案例. 北京：机械工业出版社，2004
2. 蔡燕农. 市场营销案例分析. 北京：中国物资工业出版社，2000
3. 刘生峰等. 国际市场营销. 广州：暨南大学出版社，2006
4. 本书编写组. 国际商务基础理论与实务. 北京：中国对外经济贸易出版社，2003
5. 蔡新春，黄寿德. 现代市场营销. 广州：中山大学出版社，1999
6. 刘生峰. 顾问式推销. 深圳：海天出版社，2002
7. 菲利普·科特勒等. 市场营销管理. 北京：中国人民大学出版社，2001
8. 德尔 I. 霍金丝等. 消费者行为学. 北京：机械工业出版社，2000
9. 菲利普 R. 凯特奥拉等. 国际市场营销学. 北京：机械工业出版社，2000
10. 王纪忠等. 国际市场营销. 北京：清华大学出版社，2004
11. 闫国庆. 国际市场营销学. 北京：清华大学出版社，2004
12. 吴景胜. 国际行销. 厦门：厦门大学出版社，2004
13. 吴健安. 市场营销学. 北京：高等教育出版社，2000
14. 方光罗. 市场营销概论. 大连：东北财经大学出版社，2000
15. 陈祝平. 国际营销理论与实务. 上海：立信会计出版社，1997
16. 刘子安. 营销学原理. 北京：中国对外经济贸易大学出版社，2001
17. 何永祺. 市场营销学. 大连：东北财经大学出版社，2001
18. 张景智. 国际营销学教程. 北京：中国对外经济贸易大学出版社，2003
19. 伍翼程，李兰，李乐群. 市场营销原理与实务. 长沙：中南大学出版社，2004
20. www. jctrans. com　2005 - 07 - 28　0：44：00　中国市场学会网